Renate Zimmer
Kreative Bewegungsspiele

Renate Zimmer

Kreative Bewegungsspiele

Psychomotorische Förderung
im Kindergarten

Herder Freiburg · Basel · Wien

Gedruckt auf umweltfreundlichem,
chlorfrei gebleichtem Papier

10. Auflage

Einbandgestaltung: Joseph Pölzelbauer, Freiburg
Einband- und Textfotos:
Renate Zimmer Einbandfoto, Nr. 0–4, 7–8, 12–15, 18, 20–22, 24–26, 28, 29, 34, 36–42
Uschi Thöle-Ehlhardt Nr. 5, 6, 9–11, 16, 17, 19, 23, 27, 30–33, 35

Alle Rechte vorbehalten – Printed in Germany
© Verlag Herder Freiburg im Breisgau 1989
Herstellung: Freiburger Graphische Betriebe 1998
ISBN 3-451-26718-7

Inhalt

Vorbemerkungen 9

1. Die Bedeutung der Bewegung für die kindliche Entwicklung 15

1.1. Psychomotorische Erfahrungen – die Basis der Persönlichkeitsentwicklung 21
1.2. Psychomotorik als Erziehungsprinzip im Kindergarten 22
1.3. Welche Funktionen Bewegung für Kinder haben kann 23

2. Kinderalltag heute 26

2.1. Ein Leben zwischen Reizüberflutung und Bewegungseinschränkung 26
2.2. Die Folgen von Bewegungsmangel 28

3. Bewegung und Bewegungserziehung im Kindergarten . 30

3.1. Ziele der Bewegungserziehung 30
3.2. Angeleitete Bewegungsangebote und freie Bewegungsgelegenheiten 34
3.3. Wie Bewegung Kindern vermittelt werden kann . 38
3.4. Die Aufgaben der Erzieherin 39

4. Spielräume für Bewegung schaffen 42

4.1. Bewegungsgelegenheiten im Gruppenraum 42
4.2. Platz für „Bewegungsinseln" 43
4.3. Die Gestaltung des „Bewegungsraums" 45
4.4. Die Ausstattung mit Spiel- und Bewegungsgeräten 47
4.5. Das Außenspielgelände 51

Inhalt

5. *Die Phantasie bewegen – Bewegung mit Phantasie* ... 54
5.1. Kleine Dinge große Wirkung
 Spiele mit Zeitungsrollen, Bierdeckeln, Joghurtbechern, Pappröhren und Heulrohren 56
5.2. Schwingen – Schweben – Fliegen
 Bewegungsideen mit Wolldecken, Bettlaken, Vogelschutznetzen und Tüchern 67
5.3. Bauen – Wippen – Balancieren
 Bewegungsideen mit Autoschläuchen, Brettern, Kartons und Getränkekisten 74
5.4. Spiele zur Förderung der Feinmotorik und der Handgeschicklichkeit
 Wäscheklammern – nicht nur zum Wäsche klammern 80
5.5. Was Kinder bewegt
 Spiele zum Darstellen und Sichausdrücken 85
5.6. Spiele zur Entwicklung der Sinne
 Spielideen zur Förderung der optischen, akustischen, taktilen, vestibulären und kinästhetischen Wahrnehmung 98
5.7. Spiele ohne Verlierer 109
5.8. Psychomotorische Geräte – auch für den Kindergarten geeignet? 117

6. *Wenn die Eltern mitspielen*
 Ein Elternabend zum Thema „Spielen und Bewegen" . 123

7. *Spiel- und Bewegungsfest*
 Ideen zur Gestaltung eines Sommerfestes 129

8. *Schlußbemerkungen: Sich mit Kindern bewegen – von Kindern lernen* 138

9. *Literatur* 140

10. *Informationen* 143

Inhalt

Vorbemerkungen

Ausschnitte aus einer „Turnstunde"

15 Kinder stehen in einer Reihe vor einer Turnbank. Die Erzieherin gibt an, was an oder auf der Bank gemacht werden soll: Darübergehen vorwärts und rückwärts, dabei einen Ball über dem Kopf tragen, sich auf den Bauch legen und mit den Händen über die Bank ziehen usw.

Nacheinander wiederholen alle Kinder die Übungen. Während des Wartens, bis jeder an die Reihe kommt, entsteht viel Unruhe: Markus drückt die hinter ihm stehenden Kinder zurück, Stefanie schreit, weil Kathrin ihr auf die Füße getreten hat, Fabian läuft heulend zur Erzieherin, weil er von Markus umgeschubst wurde.

Als Christian endlich an der Reihe ist, müssen erst die Schnürsenkel seiner Turnschuhe zugebunden werden.

Florian, der kleinste in der Gruppe, steht am Ende der Reihe und ist auch durch noch so gutes Zureden der Erzieherin nicht dazu zu überreden, die Bank überhaupt zu betreten. Heulend beharrt er „Kann ich nicht, will nicht ...".

Als die etwas pummelige Stefanie auf die Bank steigt und schon nach zwei Schritten herunterfällt, lachen einige Kinder: „Dickmadam" tönt es; Stefanie weigert sich, erneut auf die Bank zu steigen.

Nach fünf bis sechs Durchgängen wird die Bank zur Seite geräumt.

Ein Spiel beendet die Turnstunde: „Jägerball". Die Regeln scheinen bekannt zu sein, denn als die Jägerrolle zugeteilt werden soll, schreien einige: „Ich, ich". Die Erzieherin sieht über die am lautesten schreienden hinweg und gibt Stefanie, die still am Rande steht, den Ball. Stefanie versucht, die wild umherlaufenden Kinder abzutreffen, aber immer geht der Wurf daneben. Sie hastet hinter dem wegrollenden Ball her, versucht es mit vor Anstrengung gerötetem Kopf noch einmal – vergebens.

Nach einigen mißlungenen Versuchen unterbricht die Erzieherin das Spiel. Sie tröstet Stefanie und gibt den Ball Ansgar, einem kräftigen, schnellen Jungen. Ansgar wirft gezielt und ist schnell erfolgreich: Als erste wird Stefanie abgetroffen, und bald scheiden auch die anderen Kinder aus dem Spiel aus, weil der Ball sie berührt hat.

Florian steht am Rand und weint, er wird von den anderen an die Seite gedrängt und hat wohl auch schon ein paar Schubser abgekriegt.

„So läuft das bei uns nicht" werden einige Leser jetzt sagen. „Es waren zu viele und zu unterschiedliche Kinder in der Gruppe" werden andere das Geschehen entschuldigen.

Die geschilderten Szenen sind kein Einzelfall, keine Darstellung einer zufällig einmal in dieser Form abgelaufenen Turnstunde, sondern repräsentieren leider immer noch in vielen Kindergärten den Normalfall von Bewegungserziehung.

Einmal in der Woche steht „Turnen" auf dem Plan; die meist beschränkten räumlichen Verhältnisse und die nur begrenzte Ausstattung mit Geräten, aber auch die Befürchtung vieler Erzieher, daß den Kindern etwas passieren könnte, trägt hier manchmal eher zu einer noch größeren Einengung der Bewegungsbedürfnisse der Kinder als zu ihrer Befriedigung bei.

Sieht man sich dagegen die Kinder in ihrem Lebensalltag an, dann sind Beobachtungen, wie sie in der Turnstunde im Kindergarten gemacht wurden, nur allzu selten.

Kinder bewegen sich – ausgelassen, lärmend, tobend, nicht immer zur Freude der Erwachsenen, aber immer zum eigenen Vergnügen. Für sie scheint es nichts Schöneres und Befriedigenderes zu geben als zu rennen, zu spielen, zu klettern und zu springen.

Sie balancieren zwar nicht auf Bänken, aber auf Bordsteinkanten und Mauern; jeder Sturz ist von dem Bemühen gefolgt, wieder aufzusteigen und es nochmal zu versuchen. (Abb. 1, 2)

Auch im Kindergarten gibt es sicherlich eine Menge Beispiele für situative Bewegungsanlässe, die von Kindern unaufgefordert und mit Begeisterung aufgegriffen werden.

Liegt der Grund für die zuvor geschilderten Situationen nun an den ungünstigen räumlichen, organisatorischen und personellen Voraussetzungen, die im Kindergarten herrschen, oder resultieren sie eher aus der Tatsache, daß es sich hier nicht um

Abb. 1   Abb. 2

spontane Bewegungsäußerungen der Kinder handelt, sondern um verordnete, angeleitete, geplante Bewegungsangebote, die für alle Kinder gleichermaßen Geltung haben sollen?

Wenn Bewegung zur Erziehung wird, kann sie u. U. leicht ihren ursprünglichen Charakter verlieren.

Balancieren, Hindernisse überwinden, auf ein Ziel werfen – das alles sind Handlungen, die Kinder von sich aus auch im Spiel und ohne Aufforderungen durch die Erwachsenen aufsuchen.

> Solche Bewegungsspiele sind weniger von außen angeregt, sondern entstehen spontan. Sie sind intrinsisch motiviert, d. h., die Befriedigung liegt in der Betätigung selbst und nicht im Erreichen eines von außen gesetzten Ziels. Sie werden vor allem um ihrer selbst willen ausgeführt, bereiten Vergnügen und sind von intensiven Erlebnissen begleitet.

Die Erlebnisse sind dabei nicht allein positiver Art, häufig besteht der Spielreiz auch darin, Angst zu überwinden, Grenzen zu finden oder Risiken einzugehen. Beobachtet man z. B. Kinder beim Überspringen eines Grabens oder einer Pfütze, dann suchen sie sich selten die sicherste, einfachste Stelle zum Überspringen aus. Sie gehen das Risiko ein, in den Graben zu fallen oder in der Pfütze zu landen. Der Reiz des Springens liegt im ungewissen Ausgang. Welchen Sinn hätte es sonst überhaupt, über eine Pfütze zu springen, schließlich kann man um die meisten Pfützen auch bequem herumgehen.

Bewegungsangebote im Kindergarten sollten die spontane Bereitschaft der Kinder nicht durch organisatorische Maßnahmen einengen und eingrenzen, sondern fördern und unterstützen.

Die Erfahrungen, die ein Kind mit seinem und über seinen Körper in Bewegungssituationen macht, stellen die Basis für die Entwicklung seines *Selbstbewußtseins* dar. Sie können in großem Maße dazu beitragen, daß es ein positives Bild von sich selbst gewinnt und seine Zufriedenheit mit sich selbst zunimmt. Dies ist jedoch nur unter ganz bestimmten Voraussetzungen der Fall, denn genauso schnell kann das Gegenteil eintreten: Wie das obige Beispiel zeigte, können Bewegungserfahrungen auch dazu führen, daß ein Kind das Vertrauen zu sich verliert, daß es sich als wenig erfolgreich wahrnimmt und von den anderen nicht akzeptiert wird.

> Bewegungserlebnisse sind also immer auch psychomotorische Erlebnisse, sie wirken sich positiv oder negativ auf Körper und Geist, auf Bewegung und Psyche gleichermaßen aus.

Diese Überlegungen im Rahmen kindlicher Bewegungsförderung zu berücksichtigen, ist ein Anliegen, das mit vorliegendem Buch verfolgt wird. Hierbei kommt es vor allem darauf an, *wie* dem Kind Bewegungsangebote vermittelt werden (vgl. Kap. 3).

Ein zweites Anliegen des Buches betrifft die Angebote selbst. Die zumeist mangelnde Ausstattung mit Geräten, die räumlichen und auch die personellen Voraussetzungen werden oft als Grund dafür angeführt, daß den Bewegungsbedürfnissen im Kindergartenalltag nicht genügend Raum gegeben wird.

„*Spielräume für Bewegung*" sind jedoch in jedem Kindergarten vorhanden. Sie aufzudecken, zu nutzen und zu erweitern, ist Thema des Praxisteils dieses Buches (Kap. 4 und 5).

Die hier zusammengestellten Bewegungsanregungen orientieren sich an der gerade im vorschulischen Alter scheinbar unerschöpflichen Phantasie, der Neugierde und dem Einfallsreichtum der Kinder; sie sprechen jedoch ebenso die Kreativität der Erzieher an und versuchen, trotz der im Kindergarten – wie in keiner anderen öffentlichen Bildungssituation – offenkundigen Finanzengpässe phantasiereiche Situationen für Bewegung, Spiel und Sport zu schaffen.

In diese Spielideen werden sowohl umfunktionierte *Gebrauchsgegenstände* und *Alltagsmaterialien* einbezogen als auch Hinweise auf neuere sogenannte *„psychomotorische Geräte"* gegeben, die für die Bewegungserziehung im Kindergarten geeignet erscheinen.

Viele der hier angeführten Spielanregungen können im Rahmen situativer Bewegungsanlässe, aber auch in organisierteren Formen der Bewegungserziehung Anwendung finden.

Neben dem Kindergarten haben vor allem die Familie und die alltägliche Umgebung des Kindes einen wichtigen Einfluß auf seine psychomotorische Entwicklung. So kann auch ein *Elternabend* einmal Anlaß dazu sein, mit Erwachsenen über die spezifische Spiel- und Bewegungssituation ihrer Kinder zu diskutieren und darüber hinaus durch gemeinsame Bewegungsspiele das gegenseitige Kennenlernen und den Erfahrungsaustausch zu unterstützen (Kap. 6).

Schließlich kann auch ein *Sommerfest* im Kindergarten unter das Motto „gemeinsam spielen und sich bewegen" gestellt werden und Gelegenheit für Eltern und Kinder bieten, zusammen aktiv zu sein (Kap. 7).

Vor diesen praxisorientierten Anregungen sollen jedoch zunächst die *Bedeutung der Bewegung für die Entwicklung des Kindes* erörtert (Kap. 1) und die *Folgen von Bewegungseinschränkungen*, wie sie im kindlichen Lebensalltag heute vielfach die Regel sind, auf die psycho-soziale Entwicklung diskutiert werden (Kap. 2).

Der Kindergarten als familienergänzende Einrichtung hat hier eine wichtige Rolle des Ausgleichs.
Im 3. Kap. werden daher im Rahmen didaktischer Überlegungen verschiedene Möglichkeiten der Bewegungsförderung von Kindern vorgeschlagen, die sowohl *freie Bewegungsgelegenheiten* als auch *angeleitete Bewegungsangebote* umfassen.

Kinder schaffen oft aus dem Nichts Bewegungsspiele: Konservendosen werden zu Fußbällen und Bordsteinkanten zu Belancierbalken; diese scheinbar nur noch Kindern eigene Kreativität, sich auch in einer von Technik und Automatisierung bestimmten Welt Nischen für das Selbermachen, Bewegen und Explorieren zu bewahren, darf uns Erwachsene jedoch nicht von der Verantwortung frei machen, für eine kindgemäße und damit auch bewegungsgerechte Erziehung Sorge zu tragen.

Das Buch wendet sich zwar in erster Linie an Erzieherinnen und Erzieher (da die meisten der im Kindergarten tätigen Erziehungsfachkräfte Frauen sind, wird im folgenden der Einfachheit halber die Bezeichnung „Erzieherin" verwendet).
 Es kann jedoch auch Eltern Hilfen und Anregungen geben, die Bewegungsbedürfnisse ihrer Kinder besser zu verstehen und ihnen auch im Alltag entgegenkommen zu können.

Die Bedeutung der Bewegung für die kindliche Entwicklung

Wenn wir an „Bewegungserziehung" denken, kommt uns meist zunächst in den Sinn, was wir Kindern vermitteln wollen. Wir machen uns darüber Gedanken, was sie in welchem Alter können sollten, einen Purzelbaum oder das Auffangen und Werfen eines Balles, vielleicht schon schwimmen oder mit einem Seil springen.

Wir denken an die kindlichen Fähigkeiten und Fertigkeiten, die es zu entwickeln gilt und die wir durch Bewegungserziehung formen und aufbauen wollen.

Wir verbinden Bewegung mit Erziehung in der Erwartung, daß die uns anvertrauten Kinder sich in ihrer Entwicklung verbessern, in der Hoffnung, daß sie damit etwas für ihren Körper tun, daß Bewegungsmangelerkrankungen von ihnen ferngehalten werden, daß sie eine gute Haltung entwickeln und möglichst frühzeitig bestimmte Fertigkeiten erlernen.

Dies sind Überlegungen, die diejenigen beschäftigen, die in pädagogischer Absicht und mit didaktischer Reflexion Sport und Bewegung an Kinder weitergeben wollen.

> Bewegung ist jedoch nicht immer pädagogisch vermittelt – sie gehört zur alltäglichen Beschäftigung von Kindern. Kinder bewegen sich auch über die ihnen zugestandene „Bewegungszeit" hinaus und oft auch gerade dann, wenn sie es nicht sollen.

Auch die scheinbar ziellosen, für Erwachsene manchmal gar nicht verständlichen Bewegungshandlungen der Kinder haben aus deren Sicht einen Sinn, eine ganz bestimmte Bedeutung. So kann das Toben, Rennen und Sichverausgaben durchaus wichtig sein für die körperliche Entwicklung des Kindes. Es unterstützt Wachstumsreize, regt das Herz-Kreislauf-System an, schafft Übungssituationen zum Aufbau der Koordinationsfähigkeit und zur Verbesserung motorischer Anpassungsreaktionen. All diese körperlich-motorischen Funktionen stellen jedoch nur *eine* Seite der Bewegung dar. Sie ist zwar für die Entwicklung des Kindes ganz wichtig, ebenso wesentlich ist jedoch das zunächst weniger Vordergründige, das in den Bewegungserfahrungen der Kinder steckt.

Bewegung als Erfahrung der dinglichen Umwelt

Das Kind nimmt die Welt weniger mit dem „Kopf", also mit seinen geistigen Fähigkeiten, über das Denken und Vorstellen auf, es nimmt sie vor allem auch über seine Sinne, seine Tätigkeit, mit seinem Körper wahr. Über Bewegung gewinnt das Kind Kontakt zu seiner Umwelt; Bewegung verbindet seine Innenwelt mit seiner Außenwelt.

> Die Welt erschließt sich dem Kind über Bewegung, Schritt für Schritt ergreift es von ihr Besitz. Mit Hilfe von körperlichen und Sinneserfahrungen bildet es Begriffe; im Handeln lernt es Ursachen und Wirkungszusammenhänge kennen und begreifen.

Um sich z. B. unter dem Begriff Schwung etwas vorstellen zu können, muß es ihn in der Bewegung erfahren haben: Indem es entweder selbst etwas in Bewegung setzt, z. B. ein am Baum hängendes Tau hin- und herschwingen läßt oder indem es sich selbst bewegt und dabei Anschwung braucht bzw. selbst erzeugt, wie es z. B. auf einer Schaukel passiert. (Abb. 3)

Dies sind *„Erfahrungen aus erster Hand"*, sie werden dem Kind nicht – wie z. B. beim Fernsehen – portionsweise „kindgerecht" vermittelt, sondern es macht sie mit Körper und Geist beim Ausprobieren und Experimentieren.

Kinder brauchen Gelegenheiten, etwas zu erforschen, sich mit einer Sache auseinanderzusetzen. Sie brauchen die Freiheit, auch einmal Fehler zu machen, sie zu korrigieren und aus diesen zu lernen.

Selbsttätigkeit ist eine wesentliche Voraussetzung für kindliche Entwicklung. Das Kind ist ein aktives Wesen. Es kann nicht auf die eigenständige Tätigkeit verzichten, denn sie ist die Voraussetzung für jede gesunde Entwicklung.

In einer empirischen Untersuchung an 300 Kindergartenkindern konnte sogar nachgewiesen werden, wie auch die *geistige Entwicklung* innerhalb eines begrenzten Zeitraums durch regelmäßige Bewegungsförderung eindeutig verbessert werden konnte. So zeigten die an dem Versuch teilnehmenden Kinder in einem Intelligenztest wesentlich bessere Leistungen als die nicht geförderten Kontrollgruppen (vgl. ZIMMER 1981).

**Bewegung als Erfahrung des Selbst
und des eigenen Körpers**

Durch und in Bewegung erprobt das Kind seinen Körper; es lernt, mit ihm umzugehen, ihn einzuschätzen, seine Signale zu beachten.

Abb. 3

Aus Raum-, Zeit- und Bewegungserfahrungen baut es sich ein schematisches Bild vom eigenen Körper auf. Das Kind erwirbt Wissen und Kenntnisse über seine äußere Gestalt, über den Aufbau und die Bewegungsfähigkeit einzelner Körperteile. Es gewinnt eine Vorstellung über seinen Leib. Die Körpervorstellung entwickelt sich in der konkreten Auseinandersetzung des Ich mit den Gegebenheiten der Umwelt.

Damit ist der Körper einerseits Objekt der Bewegungserfahrung (das Kind erfährt etwas *über* seinen Körper), andererseits macht es die Erfahrungen *mit* seinem Körper.

Einen Körper zu haben und zugleich sein eigener Körper zu sein, stellt eine wichtige Erfahrung auch für die Entwicklung der kindlichen *Identität* dar.

> Der Aufbau des „Selbst", des Vertrauens in die eigene Person und das Bild, das man sich über sich selber macht, ist beim Kind im wesentlichen geprägt von den Körpererfahrungen, die es in den ersten Lebensjahren macht.

Um im Alltag bestehen zu können, brauchen Kinder Selbstvertrauen, ein stabiles Selbstwertgefühl, das sie stark genug macht, auch Belastungen zu ertragen und den Anforderungen von außen gewachsen zu sein.

Ein solches Selbstwertgefühl entwickelt sich nur, wenn Kinder das Gefühl haben, auf ihre Umwelt einwirken zu können. Gerade Kinder und Jugendliche, die als verhaltensauffällig gelten und als Problemkinder bezeichnet werden, fühlen sich ihrem Schicksal ausgeliefert; sie haben den Eindruck, als könnten sie an ihrer verfahrenen Situation sowieso nichts mehr ändern und beginnen zu resignieren (vgl. VOLKAMER/ZIMMER 1986).

Bewegungssituationen können vor allem bei jüngeren Kindern wesentlich dazu beitragen, das Gefühl zu entwickeln, selber etwas schaffen und leisten zu können. In der richtigen Form von Erziehern und Eltern angeleitet und begleitet erwerben Kinder so die Voraussetzungen für Selbstvertrauen und Selbstbewußtsein.

Kinder müssen sich erproben, um ihre Grenzen kennenzulernen. Ein wichtiges Ziel jeder Erziehung müßte es sein, daß Kinder zuversichtlich mit Herausforderungen und Problemen umgehen lernen, daß sie nicht von vornherein vor Schwierigkeiten kapitulieren, sondern eine positive Grundstimmung entwickeln.

Bewegung als Erfahrung der sozialen Umwelt

Spiel und Bewegung sind Aktivitäten, die häufig mit anderen ausgeführt werden, an denen andere beteiligt sind, man spielt mit oder gegen sie. Bewegungssituationen provozieren daher bei Kindern immer auch *soziale Lernprozesse:*

Jedes Ausprobieren und Kennenlernen neuer Materialien weckt den Wunsch, die Geräte oder wenigstens eines davon für sich allein in Besitz zu nehmen, sie erst einmal selber entdecken und damit spielen zu können. Gleichzeitig fordern die Materialien oft auch dazu auf, gemeinsam damit zu bauen, zu konstruieren, Bewegungsideen auszuprobieren und Spiele zu arrangieren. Selbst ein Fangspiel kann nur dann entstehen, wenn man mindestens zu zweit ist, und auch beim Wippen, Rennen oder Fußballspielen ist es lustiger, wenn mehrere mitmachen.

All diese Anlässe erfordern Absprachen und Verständigung. Dies sind Prozesse, die nicht problemlos vonstatten gehen. Streit um ein Spielgerät, Unfähigkeit, beim Spiel zu verlieren, eine unliebsame Rolle zu übernehmen oder sich auf Ideen und Vorschläge anderer einzulassen – sie stellen Schritte auf dem Weg zum sozialen Handeln dar, Hindernisse, die auch viele Erwachsenen noch nicht überwunden haben. (Abb. 4)

Abb. 4

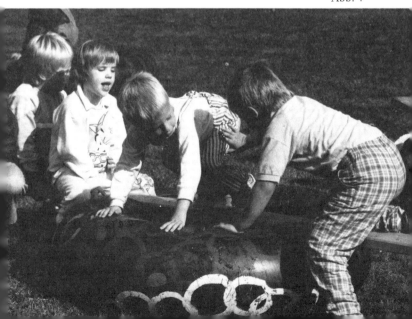

Kinder müssen sich nicht nur mit Materialien und Objekten, sondern auch miteinander auseinandersetzen. Geben und nehmen, teilen und miteinander erleben, einander zuschauen, von anderen lernen, vor und mit anderen etwas machen – all dies kann sowohl zu beglückenden Gemeinschaftserlebnissen als auch zu Konflikten führen. Nicht immer schaffen Kinder ihre Lösung alleine, die einfühlsame Beobachtung und behutsame Einflußnahme der Erzieherin ist unabdingbar; in vielen Fällen bedarf es auch der Vermittlung und des Einlenkens durch die Erzieherin.

Bei Kindern, die den Kindergarten besuchen, befindet sich der Aufbau der Sozialentwicklung noch in den Anfängen. Ihre egozentrische Perspektive – sie erleben sich als Mittelpunkt der Welt, um den sich alles dreht – hindert sie daran, sich in die Rolle eines anderen zu versetzen. So fällt es ihnen z. B. schwer, nachzuempfinden, wie ein Kind fühlt, das bei Bewegungsspielen ausgeschlossen wird oder das beim Spielen zu zweit keinen Partner findet. Nur wenn sie selber von einer solchen Situation betroffen sind, können sie außerordentlich empfindsam reagieren.

> Obwohl Kinder sich also noch kaum vom eigenen Standpunkt lösen können, wird die Basis für soziales Handeln jedoch bereits in dieser Altersstufe geschaffen. Sie lernen, mit anderen umzugehen, deren Wünsche zu respektieren, Absprachen zu treffen und sich ggf. auch selbst mit eigenen Vorschlägen durchzusetzen.

Gerade Bewegungsspiele und die hier erforderlichen Regelungen und Abmachungen beinhalten die Chance, daß soziale Konflikte nicht auf der Ebene körperlicher Auseinandersetzungen ausgetragen werden, sondern zur Entwicklung von Toleranz, Einfühlungsvermögen und Rücksichtnahme beitragen.

Sie können jedoch auch genau das Gegenteil bewirken und Konkurrenzverhalten, Rivalität und soziale Außenseiterrollen hervorrufen. Daher ist vor allem in Situationen, die von Pädagogen und Erziehern betreut werden, darauf zu achten, welche Bewegungsspiele Kindern vermittelt werden und wie mit Wetteifer und Konkurrenzsituationen umgegangen wird.

1.1. Psychomotorische Erfahrungen – die Basis der kindlichen Entwicklung

Beim Kind sind leibliche und seelische, gefühlsmäßige und geistige Vorgänge noch eng miteinander verbunden.
 Denken und Handeln, Vorstellung und Wahrnehmung, Wunsch und Wirklichkeit, Alltag und Traumwelt werden noch nicht deutlich unterschieden; sie trennen sich erst im Laufe der Entwicklung. Die unterschiedlichen Sinneswahrnehmungen sind noch enger miteinander verknüpft als bei Erwachsenen, und auch Gefühls- und Körperbewegungen sind aufeinander bezogen.

> Mit dem Begriff „Psychomotorik" wird die enge Verbindung des Körperlich-motorischen mit dem Geistig-seelischen gekennzeichnet.

Strenggenommen gibt es gar keine Bewegung ohne Beteiligung psychischer oder gefühlsmäßiger Prozesse.
 Bei Kindern ist die Ganzheitlichkeit im Handeln und Erleben besonders stark ausgeprägt. Sie nehmen Sinneseindrücke mit dem ganzen Körper wahr, sie drücken ihre Gefühle in Bewegung aus, sie reagieren auf äußere Spannungen mit körperlichem Unwohlsein, und ebenso können freudige Bewegungserlebnisse zu einer körperlich wie psychisch empfundenen Gelöstheit führen.
 Kindern sieht man ihre „Ganzheitlichkeit" an: Sie freuen sich „bis in die Füße", sie spüren ihre Traurigkeit „im Bauch". Sie erleben sich als Gefühls-Körper-Einheit.
 Im Bewegungsspiel drückt das Kind z. B. innere Wünsche aus („stark sein wie Tarzan", „kämpfen können wie ein Löwe" oder „sich auf einer Schaukel hin- und herwiegen lassen wie ein kleines Baby" usw.); die Bewegung bildet eine Brücke zwischen der Innenwelt (Träume, Wünsche, Ängste, Hoffnungen) und der äußeren Realität.
 So bieten Bewegungsäußerungen der Kinder auch einen Zugang zu ihrer Innenwelt.

Kindliche Entwicklung ist also zugleich auch immer psychomotorische Entwicklung. *Psychomotorische Erfahrungen* sind Erfahrungen, die das Kind mit seinem Leib und seiner Seele, seiner ganzen Person macht.

Nach diesen Überlegungen müßte die Erziehung von Kindern zugleich auch psychomotorische Erziehung sein. Bewegung ist hier kein fachspezifisches Anliegen, sondern ein grundlegendes Medium der Entwicklungsförderung, das täglich berücksichtig werden muß (vgl. DER HESSISCHE SOZIALMINISTER 1983). Werden die Bewegungsbedürfnisse von Kindern vernachlässigt, hat dies gravierende Folgen – nicht nur für ihre Motorik, sondern für den gesamten Prozeß der kindlichen Entwicklung.

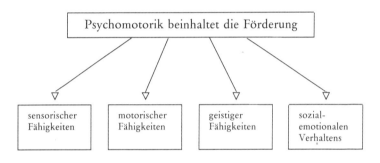

Damit kann Psychomotorik als *methodisches Prinzip* jeder Erziehung und Entwicklungsförderung verstanden werden.

Über Bewegungs- und Wahrnehmungserfahrungen werden grundlegende Lernprozesse in Gang gesetzt, die die Auseinandersetzung des Kindes mit seinem *Körper*, seiner *dinglichen* und *sozialen Umwelt* unterstützen.

1.2. Psychomotorik als Erziehungsprinzip im Kindergarten

Psychomotorik als Erziehungsprinzip wird vor allem dort Realisierungschancen haben, wo über Bewegung ganzheitliche Entwicklungsprozesse in Gang gesetzt werden, wo Lernen noch in erster Linie über Bewegungshandlungen abläuft, wo die Bewegung den Zugang zum Kind erleichtert bzw. motorische Erfahrungen die Basis der kindlichen Entwicklung liefern.

Dies wird logischerweise in frühen Lebensjahren eher der Fall sein als in Altersbereichen, in denen abstraktes, von der konkreten Handlung losgelöstes Denken möglich ist und Erfahrungen auch ohne die unmittelbare praktische Kontrolle der Handlungsergebnisse ablaufen können.

Wenn sich der Kindergarten als eine Institution versteht, die sich die ganzheitliche Förderung und Erziehung von Kindern zur Aufgabe macht, dann dürfen Körper- und Bewegungserfahrungen nicht nur auf festgelegte Zeiten beschränkt sein, sondern müssen zum integrierten Bestandteil des Kindergartenalltags werden. Psychomotorik müßte demnach Basis jeder vorschulischen Erziehung sein, eine selbstverständliche Methode, die zum alltäglichen Tagesablauf im Kindergarten gehört.

1.3. Welche Funktionen Bewegung für Kinder haben kann

Faßt man die vielfältigen Aspekte, unter denen Bewegung nach diesen Überlegungen betrachtet werden kann, zusammen, so kann sie für Kinder folgende *Funktionen* haben (vgl. auch KRETSCHMER 1981, ZIMMER 1989 b):

1) Den eigenen Körper und damit auch sich selber kennenlernen; sich mit den eigenen körperlichen Fähigkeiten auseinandersetzen und ein Bild von sich selbst entwickeln. – *(personale Funktion)*
2) Mit anderen gemeinsam etwas tun, mit- und gegeneinander spielen, sich mit anderen absprechen, nachgeben und sich durchsetzen. – *(soziale Funktion)*
3) Selber etwas machen, herstellen, mit dem eigenen Körper etwas hervorbringen (z. B. eine sportliche Fertigkeit wie einen Handstand oder einen Tanz). – *(produktive Funktion)*
4) Gefühle und Empfindungen in Bewegung ausdrücken, körperlich ausleben. – *(expressive Funktion)*
5) Gefühle wie Lust, Freude, Erschöpfung oder Energie empfinden, in Bewegung erfahren. – *(impressive Funktion)*
6) Die dingliche und räumliche Umwelt kennenlernen und sich erschließen, Objekte und Geräte ausprobieren und ihre Eigenschaften erfassen, sich den Umweltgegebenheiten anpassen bzw. sie sich passend machen. – *(explorative Funktion)*

7) Sich mit anderen vergleichen, sich miteinander messen, wetteifern und dabei sowohl Siege verarbeiten als auch Niederlagen verkraften lernen. – *(komparative Funktion)*
8) Belastungen ertragen, die körperliche Leistungsfähigkeit steigern, sich selbst-gesetzten und von außen gestellten Anforderungen anpassen. – *(adaptive Funktion)*

Es handelt sich hier um unterschiedliche Sichtweisen ein- und derselben Sache; z. T. ergänzen sie sich, oft sind sie auch nicht voneinander zu trennen. Vielleicht können sie auch noch ergänzt oder erweitert werden.

Im Rahmen der Entwicklungsförderung eines Kindes haben alle Funktionen ihre Berechtigung, und doch muß der Erzieher im Auge behalten, ob in der Bewegungserziehung im Kindergarten nicht einige Aspekte zu stark in den Vordergrund gerückt und damit zu einseitig betont werden.

Gerade im Kindergartenalter darf es nicht um Konkurrenz oder Wettkampf oder um die Verbesserung meßbarer Leistungen gehen. Ebensowenig sollten sich die Bewegungsangebote an Sportarten orientieren oder als Hinführung zu bestimmten Sportformen aufgefaßt werden.

Im Vordergrund frühkindlicher Bewegungserziehung sollten vielmehr spielbetonte und kindgerechte Bewegungsangebote stehen, die vielseitige, breitangelegte Bewegungserfahrungen ermöglichen und dem kindlichen Explorationsbedürfnis und Aktivitätsdrang entgegenkommen (ZIMMER 1988b, REGEL/ WIELAND 1984). (Abb. 5)

Bei diesen Überlegungen sollte immer auch berücksichtigt werden, daß die Bewegungsangebote zwar dazu beitragen können, Kindern den Umgang mit dem eigenen Körper zu ermöglichen, ihre Bewegungssicherheit zu verbessern oder ihre feinmotorischen Fähigkeiten zu fördern; dies sollte jedoch nicht vordergründiger Spielanlaß, sondern vielmehr nebenbei abfallendes Produkt der intensiven Auseinandersetzung des Kindes mit Objekten, Spielsituationen, Partnern und sich selber sein.

Es müssen auch nicht immer neue Übungen, neue Geräte sein, die wir uns für die Kinder ausdenken. Jedes Kind erlebt sich in der Auseinandersetzung mit einem Gegenstand neu, es sieht dabei nur sich und was es mit dem Spielmaterial erlebt, erfährt, erfindet. So kann ein Ball, ein Reifen faszinierend für ein Kind wirken, während er für die Erzieherin ein schon seit Jahren bekanntes, traditionelles und wenig phantasieanregendes Gerät darstellt.

Für die Kinder ist zunächst fast alles neu, und ihnen ist oft auch viel wichtiger, wie sie entdecken, als was sie entdecken können. Auch noch so schöne Übungen und Ideen sollten die Erzieherin nicht dazu verleiten, die Sache wichtiger zu nehmen als das Kind. Eine Bewegungsidee, ein Spiel haben nie einen Zweck an sich, sie erhalten ihren Sinn erst durch die Bedeutung, die das Kind ihm beimißt.

So sollte die Vielzahl der im Praxisteil dieses Buches zusammengestellten Beispiele auch nicht dazu verleiten, diese Übungen und Spielideen wichtiger als die von den Kindern gefundenen zu nehmen.

Abb. 5

2 Kinderalltag heute

2.1. Ein Leben zwischen Reizüberflutung und Bewegungsarmut

Im heutigen Lebensalltag müssen viele Kinder mit einem Defizit an natürlichen Bewegungs- und Spielerfahrungen aufwachsen.

Viele von ihnen leben in beengten Wohnverhältnissen, die den kindlichen Bewegungsdrang sehr einschränken.

Spielplätze sind oft weit von der Wohnung entfernt, so daß Kinder sie nur in Begleitung der Erwachsenen aufsuchen können. Spielplätze sollen die im Lebensalltag verlorengegangenen natürlichen Bewegungsgelegenheiten ersetzen, aber nicht immer sind sie so gestaltet und mit Geräten ausgestattet, daß sie auch von den Kindern angenommen werden.

Dazu kommt, daß Erwachsene oftmals für die Spiel- und Bewegungsbedürfnisse der Kinder wenig Verständnis zeigen. Sie reagieren häufig gereizt, wenn sie sich durch spielende Kinder gestört fühlen; sie ignorieren deren Freude, auf Mauern und Bordsteinkanten zu balancieren und degradieren sie zur Trödelei; sie sind genervt, wenn Bewegungsspiele der Kinder mit Lärm verbunden sind; ihr Bedürfnis nach Ruhe ist ihnen wichtiger, selbst wenn der Lärm Ausdruck freudiger Bewegungserlebnisse und lustvoller Betätigung ist.

Ständig werden Kinder ermahnt, leiser, ruhiger, ordentlicher zu sein, sich zu beeilen oder aber nicht so hastig herumzurennen, etwas anderes zu tun, als sie im Augenblick tun wollen. Immer scheinen die Erwachsenen genau zu wissen, was gut ist für die Zukunft der Kinder; dabei bleiben die augenblicklichen Bedürfnisse nur allzuoft unberücksichtigt.

Aber nicht nur beengte Wohnverhältnisse und streßgeplagte Erwachsene behindern Kinder in ihrem Spiel- und Bewegungsbedürfnis. Auch der ständig wachsende Verkehr, die Motorisierung und Automatisierung der Alltagswelt schränken den Bewegungsraum von Kindern heute mehr denn je ein.

Zwar hatten Kinder noch nie ein so großes Angebot an Freizeitaktivitäten, an Spielmaterial und Anregungen durch die Medien; genauso drastisch sind auf der anderen Seite jedoch auch ihre Möglichkeiten beschnitten worden, Primärerfahrungen zu sammeln, d. h. selbständig Erkenntnisse über Zusammenhänge in ihrer Umwelt zu gewinnen und nachvollziehen zu können.

Nach einer Studie des Bundesministers für Bildung und Erziehung (1985) verbringen 36% der Kinder zwischen 3 und 7 Jahren mehr als eine Stunde pro Tag vor dem eingeschalteten Fernsehgerät. Das Fernsehen vermittelt den Kindern eine Menge an Informationen und Erfahrungen (Sekundärerfahrungen), die sie kaum verarbeiten und verkraften können. Die oft bruchstückhaften Handlungen in Kindersendungen wecken zwar die kindliche Aufmerksamkeit immer wieder aufs Neue, verhindern jedoch die kontinuierliche Beschäftigung mit einer Sache. Der Wechsel der Einzelszenen ist schneller als das Auffassungsvermögen der Kinder. Jede Eigenaktivität wird untergraben, das Bewegungssystem ist lahmgelegt, selbst die Augenbewegung ist fixiert. In geistiger und körperlicher Starre und Spannung sitzen sie wie gelähmt vor dem Fernsehbild; ihre Sinnestätigkeit wird auf die akustische und visuelle Wahrnehmung beschränkt. Das, was sie sehen und hören, können sie nicht – wie es für ihre Erkenntnisgewinnung ganz wichtig wäre – fühlen, betasten, schmecken, riechen, sich nicht mit und in ihm bewegen (KOHN 1983, 460).

Wird der Apparat dann abgeschaltet, tritt eine Phase überschießenden Bewegungsdranges auf; aber nicht nur körperlich, sondern auch in ihren Stimmungen und Launen sind Kinder nach längerer Fernsehzeit oft „ungenießbar". Der aufgestaute Bewegungsdrang äußert sich explosiv, und es dauert eine Weile, bis sie sich wieder beruhigt haben.

Einer *Überflutung der Sinne* im kindlichen Lebensalltag steht also gleichzeitig eine *Verarmung der Anregungen* gegenüber.

Ähnlich verhält es sich mit dem Spielzeug. Kinder haben heute eine fast unüberschaubare Vielzahl von Spielmaterial, die sie oft in Entscheidungskonflikte bringt.

Anstatt sich mit einer Sache ausführlich auseinanderzusetzen, sie zu verändern, alle Seiten an ihr kennenzulernen, wechseln sie häufig die Beschäftigung, spielen mal mit diesem, mal mit jenem, bleiben aber nie längere Zeit bei einer Sache. (Zur Bedeutung des Spielzeugs im kindlichen Spiel s. MÜLLER/OBERHUEMER 1986.)

2.2. Die Folgen von Bewegungsmangel

Bewegungsmangel gilt heute häufig als eine wesentliche Ursache für gesundheitliche Störungen, aber ebenso kann eine Einschränkung der kindlichen Bewegungsbedürfnisse auch zu psychosozialen Problemen führen.

So kann die zuvor beschriebene Reizüberflutung bei gleichzeitigem Mangel an Bewegungserfahrungen auch eine Ursache für ein heute scheinbar weit verbreitetes kindliches Verhaltensproblem sein: Immer häufiger klagen Erwachsene – Eltern, Erzieher und Lehrer – über die zunehmende Bewegungsunruhe der Kinder. Mangelnde Konzentrationsfähigkeit, fehlendes Aufmerksamkeitsvermögen, „Zappeligkeit" und Überaktivität scheinen ein heute weit verbreitetes Problem zu sein.

Es gibt verschiedene Faktoren, die dieses Verhalten erklären. Die Lebensumwelt der Kinder, ihre Wohn- und Familiensituation und auch die Einengung ihrer Bewegungsmöglichkeiten sind grundlegende, wenn auch häufig nur wenig beachtete Ursachen.

> Sind gerade in den ersten Lebensjahren Bewegungserfahrungen eingeschränkt, fehlen dem Kind wichtige Entwicklungsreize, ohne die es häufig zu Bewegungsunsicherheiten und manchmal auch zu -auffälligkeiten kommt.

Oft werden solche Beeinträchtigungen auch noch durch eine überbehütende Einstellung von Eltern und Erzieherinnen verstärkt. Zu häufig gehörtes, eigentlich fürsorglich gemeintes: „Du kannst das noch nicht!" vermittelt dem Kind immer wieder auf's Neue, wie wenig ihm andere zutrauen. Die Folgen einer solchen Erziehungshaltung sind für die kindliche Entwicklung oft katastrophal: Es wird nicht nur bei Bewegungsaktivitäten immer passiver und traut sich selber immer weniger zu, sondern entwickelt insgesamt ein geringeres *Selbstwertgefühl*.

Das Selbstwertgefühl ist bei Kindern fast immer an ihre körperlich-motorischen Fähigkeiten geknüpft.

Ein Kind, das von seinen Spielkameraden oder auch von den Erwachsenen als Schwächling eingestuft wird, von dem Leistungen und Fertigkeiten erst gar nicht erwartet werden, fühlt sich schnell als Versager. Es reagiert mit Resignation und Rückzug und verhält sich übermäßig angepaßt, es ist gehemmt und findet wenig Kontakt zu anderen.

Andere wiederum versuchen, das Gefühl der eigenen Minderwertigkeit zu kompensieren, indem sie aggressiv werden und ihre motorische Unterlegenheit durch körperliche Angriffe auf andere zu verdecken suchen.

In einem Alter, in dem Geschicklichkeit, körperliche Leistung und motorische Fähigkeiten bei Kindern sehr hoch im Kurs stehen, wirkt sich die Erfahrung körperlicher Unterlegenheit, Ängstlichkeit und Unsicherheit schnell auf das Selbstbild des Kindes und ebenso auf den sozialen Status und die Position in der Gruppe aus.

Bewegungsgehemmte, zu bedächtige oder zu impulsive Kinder erleben, daß sie bei vielen Spielen und Aktivitäten keinen Erfolg haben, daß sie ungeschickter sind als andere und daher auch manchmal von den Mitspielern ausgeschlossen werden.

Von anderen abgelehnt zu werden, stellt eine der schwerwiegendsten negativen kindlichen Sozialerfahrungen dar und kann das Akzeptieren der eigenen Person als Voraussetzung für die Entwicklung eines gesunden Selbstwertgefühls erheblich erschweren.

> Die aus motorischer Ungeschicklichkeit resultierenden Verhaltensprobleme sind meist viel gewichtiger als die Ursache selbst.

Der Kindergarten spielt in diesem Prozeß neben dem Elternhaus eine sehr wichtige Rolle, da hier durch eine psychomotorische Förderung Mängel in der familiären Erziehung ausgeglichen werden können und das Kind darüber hinaus in seinem Selbstvertrauen und seinen Sozialkontakten unterstützt werden kann. Vor allem in Fällen, in denen Kinder keine spezielle Therapie benötigen, kann der Kindergarten somit dazu beitragen, das psychophysische und -soziale Wohlbefinden des Kindes zu sichern bzw. zu erhalten oder wiederherzustellen und späteren schwerwiegenderen Sekundärstörungen vorzubeugen.

Bewegung und Bewegungserziehung im Kindergarten

Ein Kindergarten, in dem Kinder ihre emotionalen, sozialen, geistigen und körperlichen Fähigkeiten erproben und entwickeln können und der darüber hinaus am Ausgleich der im vorhergehenden Abschnitt dargestellten Einschränkungen des kindlichen Lebensalltags mitwirken will, müßte den Bewegungsbedürfnissen der Kinder erheblich mehr Raum geben als es heute vielerorts der Fall ist.

Viele Erzieherinnen gehen davon aus, daß die im Wochenplan fest verankerte Turnstunde bereits Garantie für ausreichende Bewegungsförderung ist.

Dabei gibt es jeden Tag Phasen, in denen die Kinder auch im normalen Gruppenspiel ausgeprägte Bewegungsbedürfnisse zeigen; um ihnen entgegenzukommen, sollten zusätzlich zu der regelmäßigen Turnstunde in den Tagesablauf integrierte Spiel- und Bewegungsmöglichkeiten den Kindern Entlastung, aber auch Gelegenheit zu neuen Erfahrungen bieten.

So läßt sich die Zeit des Freispiels für *offene Bewegungsangebote* nutzen, oder es können gezielte Angebote zum fachübergreifenden *„Lernen durch Bewegung"* gemacht werden. In diesem Zusammenhang weist z. B. GROSSE-JÄGER (1989) auf die Bedeutung der Körperbewegung bei der Musikerziehung hin. Er hält eine Musikerziehung ohne Bewegung bei jüngeren Kindern für undenkbar. Auch Rhythmik und Tanzpädagogik bauen auf der Bewegungslust der Kinder auf und versuchen, zwischen ihrem Musik- und Bewegungserleben Beziehungen zu schaffen.

3.1. Ziele der Bewegungserziehung im Kindergarten

Der Stellenwert der Kindergartenerziehung und ihre pädagogische Begründung haben im letzten Jahrzehnt eine deutlich sichtbare Veränderung durchlaufen.

Die Tendenz, einer möglichst frühen – weil damit hoffentlich effektiven – Förderung kognitiver und intellektueller Fähigkeiten den Vorrang zu geben und damit auch optimal auf die Schule vorzubereiten, wurde abgelöst von dem Bedürfnis, die Inhalte der Kindergartenerziehung mehr an der Bewältigung konkreter Lebenssituationen von Kindern zu orientieren.

In beiden Ansätzen nahm die Bewegungserziehung nur eine untergeordnete Stellung ein. So wurde für das „*situationsorientierte Arbeiten*" erst Jahre nach der Konzeption didaktischer Einheiten auch eine direkte Einbindung von Bewegung und Spiel vorgenommen (s. hierzu „DER HESSISCHE SOZIALMINISTER" 1983).

Z. Zt. stagniert die öffentliche Diskussion um den Erziehungs- und Bildungsauftrag des Kindergartens scheinbar.

Trotz mancher unterschiedlicher – auch ideologisch begründeter – Zielvorstellungen herrscht doch Einigkeit darüber, daß die Konzeption einer ganzheitlichen, die gesamte Persönlichkeit des Kindes berücksichtigenden Erziehung im Vordergrund steht und – anders als in der Schule – fachspezifische Inhalte zugunsten allgemeiner, am Kinde orientierten Erziehungsziele in den Hintergrund treten.

So soll der Kindergarten z. B. dazu beitragen,

- *Sozialkompetenz* im Umgang mit anderen in der Übernahme von Verantwortung zu entwickeln;
- *Sachkompetenz* hinsichtlich des Gewinns neuer Erfahrungen und der Erweiterung von Fähigkeiten, Kenntnissen und Wissen und der Erweiterung von Konzentration und Ausdauer zu erwerben;
- *Selbstkompetenz* im Hinblick auf die Entwicklung von Ich-Identität, im Verarbeiten von Erlebnissen und Gefühlen, im Entdecken neuer Verhaltensweisen aufzubauen (vgl. KRENZ/RÖNNAU 1985).

Alle drei Kompetenzbereiche bilden eine Einheit, die mit der Bewegungserziehung verbundenen Ziele lassen sich problemlos allen Bereichen zuordnen (vgl. Kap. 1.).

Die fachübergreifende Bedeutung von Bewegung und Spiel kann damit verdeutlicht werden, daß sie als Medium zur Realisierung allgemeiner Erziehungsziele, die für die Kindergartenpädagogik uneingeschränkte Geltung haben, betrachtet werden können. Hierzu gehören z. B.

- Die Befähigung des Kindes zu selbständigem Handeln;
- Der Aufbau von Selbstbewußtsein und Eigenverantwortung;
- Die Fähigkeit zur Kommunikation und sozialem Handeln;
- Die Förderung von Lernbereitschaft, Ausdauer und Konzentration;
- Die Entwicklung der schöpferischen und kreativen Kräfte des Kindes. (Abb. 6)

Diese übergeordneten Erziehungsziele sind meistens recht allgemein formuliert und scheinen auf den ersten Blick eher einen unverbindlichen Charakter zu besitzen. Tatsächlich müssen sich die fachspezifischen Ziele jedoch den übergreifenden unterordnen. Sie sollten ihnen nicht zuwiderlaufen und sich an den pädagogischen Leitideen orientieren.

Demnach ist es *Ziel und Aufgabe der Bewegungserziehung* im Kindergarten,
- dem Bewegungsdrang der Kinder entgegenzukommen und ihr Bewegungsbedürfnis durch kindgerechte Spiel- und Bewegungsangebote zu befriedigen,
- zur Auseinandersetzung mit der räumlichen und dinglichen Umwelt herauszufordern,
- motorische Fähigkeiten und Fertigkeiten zu erweitern und zu verbessern,
- Kindern Möglichkeiten und Wege aufzuzeigen, wie bei Bewegungsspielen auch leistungsschwächere Mitspieler integriert werden können,
- sinnliche Erfahrungen zu vermitteln,
- zur Erhaltung der Bewegungsfreude, der Neugierde und der Bereitschaft zur Aktivität beizutragen,
- Vertrauen in die eigenen motorischen Fähigkeiten zu geben und zu einer realistischen Selbsteinschätzung beizutragen.

Zur Realisierung dieser Zielvorstellungen kann die Erzieherin auf altersspezifische Verhaltenseigenschaften der Kinder aufbauen, die äußerst günstige Voraussetzungen für die kindliche Bewegungserziehung bieten.

Ziele der Bewegungserziehung

Abb. 6

Abb. 7

Dazu gehört z. B. die
Neugierde: Kinder sind von Natur aus neugierig, sie sind interessiert an allem Neuen, fasziniert von Dingen, die dem Erwachsenen bereits selbstverständlich erscheinen. (Abb. 7)
Die Neugierde ist ein wichtiger Motor des Lernens und der Entwicklung.
Der Neuigkeitsgehalt der Spiel- und Bewegungssituationen darf jedoch die Kinder nicht überfordern, so daß sie ängstlich und zurückhaltend werden. Ein dosierter „Neuigkeitsgehalt" berücksichtigt die Vorerfahrungen der Kinder, bietet aber doch genügend Spannung, Ungewißheit und Anreiz, so daß Kinder zum spontanen Handeln aufgefordert werden.
Zu den Schlüsselbegriffen, an denen sich die Bewegungserziehung im Kindergarten orientieren sollte, gehören auch:

Spieltrieb,
Phantasie und Kreativität,
Aktivität und Interesse,
Bewegungsfreude und
Nachahmungsbedürfnis der Kinder.

3.2. Angeleitete Bewegungsangebote und freie Bewegungsgelegenheiten

Die „Turnstunde": Neben den vielfältigen situativen Bewegungsanlässen, die das Freispiel beinhaltet, muß es auch regelmäßige Zeiten im Alltag des Kindergartens geben, in denen das Sichbewegen im Vordergrund steht.
Diese geplanten, angeleiteten Bewegungs- und Spielangebote werden meist als „Turnstunde" bezeichnet. Sie sind wichtig, damit die Bewegungsangebote nicht zufallsabhängig sind und evtl. durch augenblickliche organisatorische Engpässe im Tagesablauf vernachlässigt werden.
Obwohl der Begriff „Turnstunde" u. U. irreführend sein kann (im engeren Sinne wird unter „Turnen" Geräte- und Bodenturnen verstanden), hat er sich doch bei den Erzieherinnen ebenso wie bei Kindern so eingebürgert, daß jede andere Bezeichnung (Sportstunde, Bewegungserziehung, Bewegungsstunde) wie eine künstliche Namensgebung wirkt. Auch in den

folgenden Ausführungen wird daher für die Zeit der geplanten Bewegungserziehung der Begriff „Turnstunde" verwendet.

Die Turnstunde wird in den Kindergärten mehr oder weniger regelmäßig durchgeführt; meistens ist hierfür einmal in der Woche eine Zeit von 30 bis 40 Minuten vorgesehen. In der Regel läuft sie nach bestimmten Ritualen ab, zu denen u. a. der Raumwechsel, der Kleidungswechsel gehören.

Oft wird die Gruppe auch für die Zeit der Bewegungserziehung geteilt, so daß ca. 12 bis 13 Kinder an der Turnstunde teilnehmen.

Häufig verbindet die Erzieherin die in der Turnstunde angebotenen Bewegungsspiele und -aufgaben mit ganz bestimmten Zielvorstellungen und Absichten. Hierbei ist zu beachten, daß sie Bewegungsangebote planen, sich Gedanken über sinnvolle Materialzusammenstellungen und -verwendung machen sollte, ohne jedoch die Aktivitäten der Kinder von Anfang bis Ende vorzustrukturieren. Sie sollte am Erfahrungsprozeß der Kinder teilnehmen und daraus schrittweise neue Angebote entwickeln.

Das Interesse des Kindes an allem Neuen sollte genutzt und nicht in Vorschriften und Zurechtweisungen erstickt werden.

Die in den „Vorbemerkungen" geschilderte Turnstunde war ein Beispiel für unnötige Reglementierungen, die den Bewegungsdrang der Kinder zunächst einmal einschränken, um ihm dann für nur kurze Zeit und mit festen Vorschriften Raum zu geben.

Offene Bewegungsangebote schaffen dagegen einen Rahmen, der Orientierung und Sicherheit gibt, innerhalb dessen die Kinder jedoch frei entscheiden können, wie Bewegungsideen weiter ausgebaut, ob sie abgebrochen oder verändert werden. Innerhalb des von der Erzieherin geplanten Themas, das z. B. durch ein bestimmtes Gerät oder eine Bewegungssituation vorgegeben sein kann, sollte ein ausreichend großer Spielraum für die individuelle Ausgestaltung durch die Kinder vorhanden sein.

Freies Bewegen und angeleitetes Üben wechseln sich dabei ab; der Schwerpunkt liegt hier – wie im Kindergarten insgesamt – auf dem Spiel. Die kindliche Bewegungs- und Spielbereitschaft braucht nur aufgegriffen zu werden (Beispiele hierzu vgl. Kap. 5).

Freie Bewegungsgelegenheiten – situative Bewegungsanlässe: Neben den zeitlich festgelegten und inhaltlich strukturierten Bewegungsangeboten gibt es im Kindergartenalltag natürlich viele weitere Situationen, die Kinder zu Bewegungsgelegenheiten nutzen.

So ist z. B. das Springen von jedweden – wo auch immer gelegenen – höheren Absprungflächen ein beliebtes Bewegungsspiel der Kinder. Selten wird es in organisierte Bewegungsaufgaben eingebunden, da die Erzieherin die Kinder nicht auch noch zu den oft waghalsigen Sprüngen auffordern will. Kinder sind zu-

Abb. 8

dem meist sehr viel erfindungsreicher im Entdecken von Absprunggelegenheiten: Eine Treppe, eine Gartenmauer, ein Stuhl oder Tisch, eine Fensterbank – und das alles, ohne daß der Boden als Aufsprungfläche auch nur geringfügig gepolstert oder mit Matten abgesichert ist. Manchmal erscheint es gefährlich, aus welchen Höhen und mit welcher Kraft Kinder springen, nur selten überschätzen sie sich jedoch. (Abb. 8)

Erzieherinnen sollten einerseits zwar notwendige Grenzen setzen, andererseits sollten sie jedoch auch neue Situationen eröffnen, die das Bewegungsleben der Kinder bereichern.

Neue Erfahrungen ermöglicht auch die Öffnung des Kindergartens nach „draußen": Ein Spaziergang durch den Wald, der Besuch eines benachbarten Spielplatzes oder das Aufsuchen eines öffentlichen Schwimmbades. Hier ist nicht mehr alles zu planen: Welche Gelegenheiten zur Bewegung die Kinder im Wald nutzen, welche gefällten Baumstämme sich zum Balancieren eignen oder wie Gräben, Hügel, Äste zum Springen, Steigen, Hängen und Schaukeln genutzt werden, kann nicht geplant werden, und braucht es auch nicht. Es ist vielmehr von der Art und Weise abhängig, wie Kinder ihre Umwelt wahrnehmen, wieviel Phantasie ihnen noch geblieben ist und wie sie ihre körperlichen Fähigkeiten zur Begegnung mit der Natur einsetzen.

Spontanes Spielen und *gezielte Bewegungsaufgaben* stehen nicht beziehungslos nebeneinander, sondern bilden eine Einheit. Sie ergänzen sich gegenseitig, und manchmal kann es gerade für ängstlichere, zurückhaltende Kinder eine Herausforderung sein, im freien Spiel einmal unbeobachtet das ausprobieren zu können, wozu ihnen vielleicht in der Turnstunde noch der Mut fehlte.

> Freie und angeleitete Bewegungsangebote sollten in Balance zueinander stehen. Angeleitete Angebote sollten ebenso freies Spielen und Ausprobieren ermöglichen, wie im freien Spielen und Bewegen Hilfe und Rat von der Erzieherin gegeben werden kann. Freie Bewegungsgelegenheiten sind an der momentanen Situation in der Kindergartengruppe orientiert; sie können aktuelle Bedürfnisse und Interessen der Kinder eher berücksichtigen als es bei vorgeplanten, festgelegten Bewegungszeiten meist der Fall ist.

Ihre Realisierung im alltäglichen Gruppenleben ist jedoch auch an räumliche und organisatorische Voraussetzungen geknüpft. Hier heißt es, auch für den Gruppenalltag Bewegungsräume zu schaffen, die den situativen kindlichen Bewegungsbedürfnissen entgegenkommen und ihr Ausleben und Ausagieren zulassen können. Vorschläge für die Nutzung der Innen- und Außenflächen des Kindergartens für Bewegungsspiele der Kinder werden in Kap. 4 gegeben.

3.3. Wie Bewegung Kindern vermittelt werden kann

Vor allem im Rahmen angeleiteter Bewegungsangebote stellt sich die Frage, *wie* Bewegungserfahrungen Kindern vermittelt werden sollten.

Zwar besitzen Kinder viele Eigenschaften, die sie zu Experten für selbstgesteuertes Lernen machen (Neugierde, Lernfreude, Phantasie usw.; vgl. Kap. 3.1.); es wäre jedoch falsch, daraus zu schließen, daß man sie einfach sich selbst überlassen sollte und die Erfahrungen und Erlebnisse sich dann schon von selbst einstellen würden.

Was beim freien Spiel ohne Anwesenheit der Erwachsenen vielleicht funktioniert, nimmt dann, wenn die Erzieherin auch nur als Aufsicht am Spielgeschehen teilnimmt, einen anderen Charakter an. Kinder sehen den Erwachsenen meistens als Experten für das Spielgeschehen, sie wollen von ihm Hilfe und Unterstützung und erwarten auch, daß er bei Konflikten einschreitet. Bevor nun die besondere Rolle, die die Erzieherin in der Bewegungserziehung spielt, diskutiert wird, sollen zunächst allgemeine Methoden zur Vermittlung von Bewegungserfahrungen dargestellt werden:
Hierbei lassen sich zwei Typen unterscheiden:

1. Vermittlung durch Betreuung, Anregung, Impulsgebung, Problemstellung
2. Vermittlung durch Belehren, Lenken, Unterweisen, Korrigieren

Eine didaktische Konzeption von Bewegungserziehung, die die Eigenaktivität des Kindes betont und seine kreativen Kräfte fördern will, wird der 1. Methode den Vorrang geben.

Das in Turnstunden so oft zu beobachtende Vormachen von Bewegungsformen durch die Erzieherin und das anschließende Nachmachen durch die Kinder (die 2. Methode) ist jedoch nur in den wenigsten Fällen wirklich sinnvoll.

Gerade Bewegungssituationen enthalten oft Problemstellungen, die das Kind zum Auffinden verschiedener Lösungsformen auffordern. Hier sind oft nur wenige Impulse durch die Erzieherin erforderlich, um dem Kind z. B. verschiedene Verwendungsmöglichkeiten von Geräten und Spielobjekten aufzuzeigen.

Methoden des Belehrens und Unterweisens sind dagegen eher dann angebracht, wenn Kinder unsachgemäß mit Material umgehen und es dadurch u. U. zerstört werden kann, oder aber wenn es um das Erlernen gezielter Fertigkeiten geht, bei denen konkrete Anweisungen durch die Erzieherin erforderlich sind.

3.4. Die Aufgaben der Erzieherin

Für Kinder stellt die Erzieherin immer ein *Verhaltensmodell* dar, sie identifizieren sich mit ihr und orientieren sich oft auch an ihrem Verhalten.

Kinder sollten den Erwachsenen auch bei Bewegungsspielen nicht als den erleben, der alles kann und besser weiß, der ihnen jede Anstrengung abnimmt und sie damit auch um Erfolgserlebnisse bringt, sondern sie sollten ihn als ermutigenden Vertrauten erleben, der ihnen dabei hilft, neue Erfahrungsräume zu erschließen.

Für die Kinder ist es oft sehr wichtig, daß die Erzieherin selbst auch Interesse an den von ihnen entwickelten Aktivitäten zeigt. Zwar sollte sie ihre ohnehin dominante Rolle soweit wie möglich zugunsten der stärker von den Kindern gesteuerten Aktionen zurücknehmen, d. h. jedoch nicht, daß sie in eine weitgehend passive, das Spielgeschehen nur beobachtend begleitende Rolle wechseln sollte. Mitmachen sollte die Erzieherin vor allem dann, wenn die Kinder sie dazu auffordern. So kann sie zur Spielteilnehmerin werden, die selbst etwas ausprobiert, etwas übt und etwas erfindet; andererseits ist sie Helferin, Zuflucht und Vertraute, die in Angstsituationen Beistand gibt, die Mut macht und bei Bedarf auch tröstet. (Abb. 9)

Auch in Situationen, in denen die Erzieherin keine direkten Bewegungsaufgaben gibt, das Bewegungsspiel nicht steuert, ist sie doch in ihrer Verantwortung ganz gefordert: Sie muß die Kinder ständig beobachten, auch wenn sie selbst irgendwo mitspielt, sie muß entscheiden, ob sie sich einmischt oder nicht, ob sie Kindern zutrauen kann, daß sie Konflikte selber regeln, ob sie Kindern helfen muß. Um das soziale Miteinander in der Gruppe besser verstehen und darauf eingehen zu können, sollte sie erkennen, welche Kinder im Spielgeschehen zu dominant sind, welche sich zu rasch unterordnen, wer sich über-, wer sich unterschätzt oder wer sich gar nichts zutraut.

> Faßt man die Verhaltenserwartungen an die Erzieherin zusammen, dann sollte sie
> - auffordernd wirken, aber das Kind nicht drängen,
> - anregen, aber nicht überreden,
> - dasein, wenn Hilfe gebraucht wird, aber nicht überbehüten,
> - innerlich bereit sein, aber äußerlich nicht steuern,
> - gleichwertiger Spielpartner sein, aber das Kind selbst aktiv werden lassen,
> - Freiheit gewähren und Grenzen setzen,
> - Verantwortung übertragen und Überforderung vermeiden.

Die Erwartungen von seiten der Kinder (die die Erzieherin vor allem als Helfer betrachten) und die Ansprüche an die Erzieherrolle (dem Kind möglichst viel Handlungsspielraum lassen, so daß es „selbsttätig" werden kann) muß die Erzieherin in sich zu integrieren versuchen. Spannung erzeugen und es zugleich selber spannend finden, wie Kinder die Rätsel, Aufgaben, Probleme lösen – das zeichnet eine gute Erzieherin aus.

Kinder ernst zu nehmen bedeutet auch, ihre Entscheidungen zu akzeptieren und zu verstehen versuchen, warum ein Kind sich z. B. von gemeinsamen Spielvorhaben ausschließt.

Auch Kinder, die sich nicht direkt an den Bewegungsspielen beteiligen, tun nicht „nichts". Oft schauen sie intensiv zu, hören zu, sind innerlich beteiligt, aber brauchen noch etwas Zeit oder

Abb. 9

eine gute Gelegenheit, in das Spiel hineinzufinden. Die Erzieherin sollte sie nicht bedrängen, sie nicht zu häufig auffordern, manchmal kann es jedoch ganz hilfreich sein, ihnen eine „Brücke" zu bauen, ihnen z. B. beim Spiel mit einem Luftballon den Ballon zuzuspielen, sich als Spielpartner unaufdringlich anzubieten, aber auch zu akzeptieren, wenn das Kind ablehnt.

„Nein" zu sagen ist für das Kind oft viel schwieriger, als sich den Anforderungen einfach anzupassen, deshalb sollte das „Nein" eines Kindes auch akzeptiert werden und nicht alle Überredungskunst aufgewendet werden, um es doch zu einem halbherzigen Mitmachen zu bewegen.

Spielräume für Bewegung schaffen

Die Einschränkung der Bewegungsmöglichkeiten im Kindergarten wird oft auch mit Raumproblemen begründet:
Zu kleine Gruppenräume, das Fehlen eines Gymnastik- oder Turnraums, die schlechte Ausstattung der Außenanlagen – all dies hindere die Erzieherin daran, den Kindern mehr Gelegenheit zum Sich-Bewegen zu geben oder sogar regelmäßige geplante Bewegungsangebote zu machen. Aber gerade ungünstige räumliche Bedingungen wirken sich auch auf das Verhalten der Kinder aus: Je ungünstiger die Voraussetzungen, um so stärker äußern Kinder ihr Bedürfnis nach ungehinderter Bewegung.

Zu wenig Bewegungsraum engt die Kinder in ihren Spielbedürfnissen ein und ruft sogar Aggressionen hervor. Auch bei scheinbar unveränderlichen räumlichen Bedingungen sollten im Mitarbeiterteam daher alle Möglichkeiten überprüft werden, wie den Kindern zu mehr Spiel- und Bewegungsraum verholfen werden kann: Z. B. kann die Eingangshalle zu einem Ort für Bewegungsspiele werden, Kontakte zur Schule (sofern sie nicht zu weit entfernt ist) können aufgenommen werden, um eine stundenweise Nutzung der Turnhalle zu vereinbaren.

Auch der Gruppenraum kann so gestaltet werden, daß er den Kindern sowohl Spielraum für bewegungsintensivere Spiele als auch Bereiche für ruhigere Aktivitäten bietet.

Eine kindgerechte Raumgestaltung im Kindergarten muß auch die Bedürfnisse der Kinder nach Bewegung berücksichtigen.

4.1. Bewegungsgelegenheiten im Gruppenraum

In den meisten Gruppenräumen gibt es Bau-, Puppen-, Malekken, Ruhezonen, vielleicht auch eine Kuschelecke mit Büchern, ein Kaufladen oder ein Puppenhaus usw. Oft ist der Raum so vollgestellt, daß die Kinder sich in der Enge ständig gegenseitig behindern; sie kommen sich ins Gehege, es gibt Streit.

Schon eine etwas andere Raumaufteilung kann Entlastung für die Gruppe mit sich bringen, wenn sowohl Zonen für bewegungsreichere als auch solche für konzentriertere Aktivitäten berücksichtigt werden. So kann eine Ecke, die mit Matratzen, Kissen und einigen Schaumstoffblöcken ausgestattet ist, Kindern einen zwar eingegrenzten, aber doch einladenden Raum zum Toben, Springen, Purzeln, Rollen und Miteinanderspielen bieten. Diese Bewegungsecke schützt auch die Kinder, die vielleicht ruhebedürftiger sind und sich gerade auf eine ganz andere Beschäftigung konzentrieren, vor den lebhaften Spielen der anderen. Zur Not kann auch der Gruppenraum selbst teilweise zum Bewegungsraum werden, wenn Tische und Stühle zur Seite gestellt und somit Platz für Bewegungsspiele der ganzen Gruppe geschaffen werden. Mit etwas Phantasie können aber auch die Einrichtungsgegenstände wie Tische und Stühle in Bewegungsaufgaben einbezogen werden (vgl. HAHMANN/ZIMMER 1987).

4.2. Platz für „Bewegungsinseln" Nutzung von Bewegungsflächen außerhalb des Gruppenraums

Viel Entlastung erhält der Gruppenraum, wenn auch andere Räume, Ecken, Gänge oder Flure des Kindergartens zu „*Bewegungsinseln*" gestaltet werden.

„Inseln" nenne ich sie deswegen, weil sie kleine Reservoire darstellen, die eigentlich andere Zwecke erfüllen sollten, nun aber durch ihre äußere Gestaltung für Bewegungsspiele nutzbar gemacht werden.

Nicht gemeint ist hiermit ein speziell für Bewegung vorgesehener Gymnastik- oder Turnraum. Bewegungsinseln sind überall dort sinnvoll und auch nützlich und notwendig, wo ein solcher offizieller Bewegungsraum nicht vorhanden ist. Geeignet sind hierzu z.B. Eingangshallen, Flure, ungenutzte Ecken im Kindergartengebäude oder auch Räume, die man bei einer etwas anderen Organisation der alltäglichen Kindergartenarbeit umgestalten könnte.

Wichtig ist für diese „Bewegungsinseln" die *Ausstattung:* Der Boden sollte mit weichem Teppich oder einer Turnmatte ausgelegt werden, und je nach Platzangebot können – wie bei der Bewegungsecke im Gruppenraum – Schaumstoffteile, Styroporblöcke, Decken, Matratzen die Kinder zum Bauen, Bewegen und Spielen nach eigenen Wünschen einladen.

Vielleicht lassen sich auch einige mobile Geräte oder Materialien hier unterbringen (z. B. Pappkartons, aufgeblasene Luftballons, Teppichfliesen usw.), die die Bewegungsideen der Kinder anregen. Sie sollten jedoch von Zeit zu Zeit immer wieder ausgetauscht werden, damit die Bewegungsinseln ihren Reiz behalten und zu unterschiedlichen Arten von Bewegungsspielen animieren.

Bei solchen ausgelagerten Aktivitäten ist natürlich die Frage der Aufsichtspflicht zu bedenken. Nicht immer kann eine Erzieherin das Spielen in den „Bewegungsinseln" überwachen, oft wäre den Kindern damit auch ein wichtiger Anreiz (z. B. eigenen Spielimpulsen nachzugehen, ohne ständig von den Erwachsenen beobachtet oder kontrolliert zu werden) genommen.

Je nach Lage der „Bewegungsinseln" sollte daher im Mitarbeiterteam beraten werden, ob es ausreicht, die Tür des Gruppenraumes offen zu lassen und somit die Aktivitäten der Kinder wenigstens „im Ohr" zu haben, oder ob es erforderlich ist, daß ständig eine Erzieherin anwesend ist.

Bei der Nutzung von Ecken oder Flurabtrennungen ist es meist ausreichend, die Anzahl der hier sich aufhaltenden Kinder zu begrenzen und mit der Gruppe klare Regeln für das Verhalten in der Bewegungsecke festzulegen.

Hierzu können z. B. folgende *Absprachen* gehören:

- Wer in die Bewegungsecke gehen möchte, muß sich vorher bei der Erzieherin abmelden.
- Es dürfen nicht mehr als 4 Kinder gleichzeitig in der Bewegungsecke spielen.
- Ist der Andrang groß, werden bestimmte Zeiten des Verbleibs vereinbart; danach wird mit anderen Kindern gewechselt.

Auch wenn diese Abmachungen nicht immer ohne weiteres von den Kindern eingehalten werden, so wird ihnen durch die Regelabsprache doch deutlich, daß ihnen Verantwortung übertragen wird. Außerdem können sie auch auf etwaige Gefahrenquellen und Verletzungsmöglichkeiten aufmerksam gemacht werden.

4.3. Die Gestaltung des Bewegungsraums

Eigentlich sollte es selbstverständlich sein, daß ein Kindergarten mit mehreren Gruppen über einen Raum verfügt, der speziell den Bewegungsaktivitäten der Kinder vorbehalten ist. Dieser Raum darf allerdings nicht zum Alibi für eine Eingrenzung der Bewegungsmöglichkeiten im Gruppenraum und im Kindergartenalltag werden. Wenn er jedoch nicht nur einmal pro Woche für die „Turnstunde" genutzt wird, sondern den Kindern jeden Tag – wenn auch nur für begrenzte Zeit – offensteht, wird sich das Zusammenleben im Gruppenraum sehr wahrscheinlich ohnehin ruhiger und konfliktloser gestalten.

Die Ausstattung des Bewegungsraums ist von großer Wichtigkeit, denn auch hier kann ein Zuviel des „Guten", z. B. ein zu großes Angebot an frei herumliegenden Geräten und Materialien für viele Kinder eine Überforderung darstellen.

Im Idealfall befindet sich neben dem Bewegungsraum ein Lagerraum für Geräte, die bei Bedarf herausgeräumt werden können. Ansonsten sollten Kleingeräte in Schränken untergebracht werden. Von offen in Materialwagen oder Regalen gelagerten Dingen werden Kinder rasch dazu verleitet, zunächst einmal wahllos alles auszuräumen und von einem Gerät zu anderen zu wechseln, ohne sich intensiv damit zu beschäftigen. Die Vielzahl der Materialien überschüttet sie mit Reizen und überfordert ihre Aufnahme- und Strukturierungsfähigkeit. Ein leerer Raum dagegen regt Kinder häufig zu kreativem Gestalten und Spielen an. Hier werden sie immer wieder neu herausgefordert, eigene Ideen in Geräteaufbauten einzubringen; sie halten sich nicht an der vorhandenen Situation fest, sondern arrangieren sie jedesmal neu. Oft weckt die Beschränkung auf wenige vorgegebene Materialien oder Geräte die kindliche Phantasie ganz besonders und eröffnet neue Kombinationsmöglichkeiten.

Haben die Kinder bestimmte Spielpläne entwickelt (z. B. mit Rollbrettern und Kästen Boote zu bauen), äußern sie oft selbst, welche Geräte sie zur Verwirklichung der Spielideen noch benötigen (z. B. Stäbe als Ruder, Tücher als Segel usw.). (Abb. 10)

So können ihre situativen Bedürfnisse von Fall zu Fall berücksichtigt werden, und manchmal brauchen sie auch einfach nur viel Freiraum zum Laufen, Rennen oder Fangenspielen.

Im Raum sollten allerdings einige, auf den ersten Blick kaum sichtbare, Konstruktionen das schnelle Anbringen und Aufhängen von Geräten ermöglichen. So können in die Decke an verschiedenen Stellen Karabinerhaken eingelassen werden, an die man bei Bedarf Schaukeln, Schwungseile, Ringe oder ein Trapez anbringen kann. An Haken, die an den Wänden in unterschiedlicher Höhe angebracht sind (um Verletzungen zu vermeiden, sollten sie versenkt werden), können Zauberschnüre (Gummischnüre) oder Seile quer durch den Raum gespannt werden und als Hindernisse zum Überspringen oder Hindurchkriechen, als Spielfeldbegrenzungen oder einfach nur als Raumteiler bei unterschiedlichen Beschäftigungen der Kinder wirken.

Auf die Wände gemalte Symbole und Figuren reizen zum Zielwerfen, ansonsten sollten die Wände möglichst glatt (ohne Bilder u. ä.) sein, damit sie bei Bedarf in das Spiel einbezogen werden können (als Aufprallfläche für Ballspiele usw.).

Als ständige Einrichtungen des Bewegungsraumes können Kletterwände an einer Raumseite angebracht sein und ein paar Bänke am Rande stehen.

Abb. 10

4.4. Die Ausstattung mit Spiel- und Bewegungsgeräten

Geräte, Material und Gegenstände sind wichtig für vielseitige Bewegungserfahrungen von Kindern. Sie geben Impulse, regen die Neugierde, die kindliche Aktivität an und stellen die Basis für viele dingliche, materiale Lernerfahrungen dar. (Abb. 11, 12).

Abb. 11

Abb. 12

Die Frage, welche Spiel- und Bewegungsgeräte sich am besten für Kinder im Vorschulalter eignen und für eine Grundausstattung am ehesten angeschafft werden sollten, hängt nicht nur von den finanziellen Voraussetzungen des Kindergartens ab, sondern ist auch bestimmt von der Vorstellung, welche Ziele mit der Bewegungserziehung im Kindergarten verknüpft werden, welche Bewegungserfahrungen vermittelt werden sollen und auf welche Art und Weise dies geschehen soll.

Spielmittel und *Spielmaterialien* können die kindlichen Aktivitäten in bestimmter Weise steuern.

Der Wert der Dinge liegt nicht nur im bloßen Vergnügen – das allein ist aus der Sicht der Kinder ausschlaggebend –, sondern auch in der Annahme, daß durch ihre Handhabung Erfahrungen vermittelt werden, die die Phantasie und die Kreativität des Kindes ebenso ansprechen, wie sie auch das selbständige und produktive Spiel fördern und zu sozialen Aktionen herausfordern.

Zur *Beurteilung* der Geräte und Materialien hinsichtlich ihrer Eignung für die Bewegungserziehung und für freie Bewegungsangebote im Kindergarten können folgende *Kriterien* verwendet werden:

1) Die Materialien sollten altersgerecht und entwicklungsgemäß sein, d.h. Gewicht und Ausmaß sollten den körperlichen und motorischen Voraussetzungen der Kinder entsprechen. Sie sollten eine möglichst gefahrlose Handhabung gewährleisten. Geräte, deren Gefahren Kinder nicht einschätzen können, sollten nur unter Anleitung und Hilfestellung durch die Erzieherin verwendet werden. So ist z.B. ein Pedalo ein auch für 5- bis 6jährige Kinder faszinierendes und herausforderndes Gerät, es bedarf jedoch einer langen Phase der motorischen Anpassung, bis das Kind seine Eigengesetzlichkeiten kennengelernt hat und sich darauf einstellen kann (s. Kap. 5.7.).

2) Die Geräte sollten Kinder zur motorischen Auseinandersetzung, zur Bewegung anregen. D.h., daß sie einen hohen Aufforderungscharakter für Kinder besitzen müssen, ihre Neugierde oder auch ihr Bedürfnis, mit dem Gerät umgehen zu lernen, ansprechen. Dies kann bei traditionellen Sportgeräten wie Reifen, Seil, Ball und Stäben ebenso möglich sein wie bei Alltagsmaterialien, die für Spiel und Bewegung umfunktioniert wurden (vgl. Kap. 5.1., 5.2.).

3) Es sollten sowohl Geräte vorhanden sein, die die intensive Beschäftigung eines einzelnen Kindes ermöglichen – hierfür müßte eine ausreichende Anzahl vorhanden sein (pro Kind 1 Gerät), als auch Ma-

terialien, die das Zusammenspiel anregen. Hierzu gehören sowohl Geräte, die nur von mehreren Kindern gemeinsam in Bewegung versetzt werden können oder die die ganze Gruppe bei gemeinsamen Aufgaben vereinen können (z.B. Schwungtuch, Plastikplanen, großes Schwungseil usw.), als auch solche, mit denen gemeinsam gebaut, konstruiert und Spielsituationen gemeinsam arrangiert werden können (große Schaumstoffwürfel und -teile, Matten, Balancierstege und -auflagen usw.).

4) Die Geräte sollten einerseits von den Kindern selbständig gehandhabt werden können, sie sollten ihre Phantasie herausfordern und Möglichkeiten der Umgestaltung in sich tragen (so kann ein Tuch mal zum Transportieren mehrerer Kinder benutzt werden, ein anderes Mal wird es zum Schwingen- und Fliegenlassen verwendet). Andererseits sollten jedoch auch Geräte verwendet werden, die Anpassungsleistungen erfordern, deren Eigengesetzlichkeiten Kinder erkennen und auf die sie sich in ihren eigenen Bewegungen einstellen müssen.

5) Die Materialien und Geräte sollten so beschaffen sein, daß Aktivitäten mit unterschiedlichen Schwierigkeitsgraden mit ihnen möglich sind. So sollten jüngere und ältere Kinder, schwächere und leistungsstärkere gleichermaßen Betätigungsmöglichkeiten mit ihnen finden.

Die Spielobjekte sind zwar wichtige Medien kindlicher Bewegungserziehung; sie sind jedoch grundsätzlich austauschbar, ersetzbar, ihr Vorhandensein ist meistens von den baulichen und finanziellen Voraussetzungen des Kindergartens, aber auch von den individuellen Interessen der Erzieherinnen abhängig. Ebenso sind materiale und sinnliche Erfahrungen nicht an das Vorhandensein bestimmter Geräte gebunden, obwohl eine vielseitige Grundausstattung manchmal für ein attraktives Bewegungsangebot sehr hilfreich sein kann.

Die folgende Aufstellung ist daher nicht als Ausstattungskatalog mit zwingenden Anschaffungsempfehlungen zu verstehen, sondern eher als eine Zusammenstellung verschiedener Geräte und Materialien, die bewegungsanregend wirken und unter Berücksichtigung der vorangegangenen didaktischen Überlegungen sinnvoll in die Bewegungserziehung im Kindergarten einbezogen werden können. Darüber hinaus kann die Liste auch Hilfe bei der Grundausstattung von Gymnastik- und Bewegungsräumen geben oder bei der Ergänzung vorhandener Geräte zu Rate gezogen werden (auf die meisten der hier aufgeführten Geräte wird im Praxisteil Bezug genommen).

1) Sperrige „Großgeräte"
Bänke
Matten
Lüneburger Stegel
Klettergeräte (Sprossenwand – Reckstangen – Tau-Elemente)
Kleintrampolin (Rundtrampolin)
Kleine Kästen
2) Kleingeräte
Schwungtuch (3 × 3 m)
Schaumstoffelemente
Gymnastikbälle
Softbälle in verschiedenen Größen
Reifen (∅ 70–80 cm)
Springseile
Ziehtau
Zauberschnüre (Gummischnüre)
Sandsäckchen/Bohnensäckchen
Gymnastikstäbe
Rhythmiktücher (farbig sortiert)
Pedalos (Doppel- und Tandempedalos)
Luftballons, Wasserbälle, Riesenluftballons
Tennisbälle, Tischtennisbälle
Rollbretter
Kreisel
3) Gebrauchsgegenstände und Alltagsmaterial
Bettlaken
Wolldecken
Vogelschutznetz
Teppichfliesen
Bierdeckel, Pappteller
Pappröhren (von Haushaltspapier, Geschenkpapier)
Kleine und große Pappkartons
Autoreifen und Autoschläuche
Baumwollschnüre, Bleischnüre verschiedener Längen
Bretter und Latten in verschiedenen Längen und Breiten
Baumwolltücher und Chiffontücher
Heulrohre
Joghurtbecher, Plastikbecher
Größere Papprollen (Teppichboden)
Getränkekisten

Bei diesen *Vorschlägen* ist zu bedenken, daß die Ausstattung des Kindergartens mit Spiel- und Bewegungsgeräten keinem endgültigen Muster folgt, sondern ständig ergänzt, erweitert oder auch ausgetauscht werden kann.

Vor allem das Materialangebot im Rahmen der Gebrauchsgegenstände muß flexibel bleiben und auf die Interessen der Kinder abgestimmt werden.

4.5. Das Außenspielgelände des Kindergartens

Genau wie im Gruppenraum sollte auch das Freigelände des Kindergartens unterschiedliche Zonen haben, in denen die Kinder kreativen, motorischen oder handwerklichen Beschäftigungen nachgehen können. Die Bewegungslust der Kinder wird beim Spiel im Freien besonders deutlich, daher werden die meisten Bereiche des Kindergartengeländes auch Gelegenheiten zu Bewegungsspielen und -aktivitäten bieten. So kann eine asphaltierte oder mit Plattenbelag versehene Fläche Hüpf- und Hinkespiele ermöglichen, in Verbindung mit einer glatten Hauswand kann sie zu den traditionellen Ballspielen (prellen, werfen, „Ballproben") einzelner Kinder oder kleiner Gruppen anregen.

In den Sandflächen können Klettergerüste und Rutschbahnen eingelassen sein; wenn die Sandflächeneinfassungen aus stabilen Holzbalken bestehen, können sie auch zum Balancieren genutzt werden. (Abb. 13)

Liegende Baumstämme laden zum Klettern und Balancieren ein, wenn sie „verzweigt" sind, besitzen sie zusätzliche Bewegungsreize.

Aber auch lebende größere Bäume sollten auf ihre „Bekletterbarkeit" überprüft werden. Sind sie stabil genug, einige kletternde Kinder auszuhalten, werden sie eine nie zu erschöpfende Attraktivität besitzen.

An starken Ästen können hier auch Taue angeknotet werden, an denen man schaukeln, hangeln oder klettern kann.

Abgeschnittene Baumstümpfe in unterschiedlichen Höhen eignen sich ebenso für „Balancierspiele", sie können aber auch als „Slalomstangen" bei Laufspielen oder einfach als Sitzhocker für zuschauende oder sich ausruhende Kinder dienen.

Wenn auch die fest installierten Geräte meistens Bewegungserfahrungen vermitteln, die im Turn- und Bewegungsraum kaum möglich sind, so kommt doch auf den Spielplätzen der Umgang mit *mobilen Bewegungsgeräten,* die in ihrer Anordnung und in ihrer Kombinierbarkeit variabel sind, meistens zu kurz.

Abb. 13

Die Kinder können die vorgefundene „Bewegungslandschaft" nur wenig verändern.

Die Einbeziehung mobiler Geräte bringt zwar immer wieder die Frage nach der Lagerung und den Zwang des Aufräumens nach Beendigung des Spiels mit sich, diese Einschränkungen sind jedoch gemessen an der Erweiterung der Spielmöglichkeiten, die sie mit sich bringen, nur zweitrangig.

In Kindergärten, die die Idee der vielseitigen Materialausstattung der Außenflächen realisierten, zeigte sich schon nach kurzer Zeit ein verändertes Spielverhalten der Kinder.

Die oft bei den älteren Kindern (vor allem den Jungen) beobachtete Bandenbildung wurde abgebaut, in das Bewegungsspiel wurden auch Rollenspiele einbezogen, Aggressivitäten an den am dichtesten belagerten Großgeräten nahmen ab, und kleinere wie größere Kinder kamen gleichermaßen auf ihre Kosten.

Abb. 14

Das Spiel wurde intensiver, ausdauernder und beinhaltete die verschiedenartigsten Aktivitäten – vom Bauen bis zu Versteck- und Zirkusspielen. Spezifische Interessen der Kinder konnten durch die jederzeit zu ergänzenden und austauschbaren Geräte besser berücksichtigt werden.

Ein Beispiel: Die Kinder benötigten für ein aus Autoschläuchen, -reifen, Kisten und Balancierstangen entwickeltes Zirkusspiel runde Holzstangen für die Balancierakte und einige Riesenpappkartons als Kulissen.

Durch einen Aushang am schwarzen Brett des Kindergartens wurde der Materialbedarf den Eltern mitgeteilt, und in kurzer Zeit kamen so viele Pappkartons, Stangen und noch vieles mehr zusammen, daß daraus wieder zusätzlich neue Spiele entwickelt werden konnten. (Abb. 14)

Die Phantasie bewegen – Bewegung mit Phantasie

Auf den ersten Blick wird es verwundern, daß die folgenden Bewegungs- und Spielideen die herkömmlichen Turn- und Sportgeräte wie Reifen, Bälle, Seile usw. nicht berücksichtigen, sondern bis auf die „psychomotorischen Geräte" vor allem Materialien und Gegenstände einbeziehen, die nicht ohne weiteres mit Bewegung in Verbindung gebracht werden. Doch gerade die unkonventionelle Nutzung von Alltagsmaterialien scheint die Phantasie und Kreativität von Kindern besonders zu beflügeln.

Während z. B. ein Ball bereits auf den ersten Blick Bewegungsvorstellungen weckt – er fordert auf zum Werfen, Fangen, Rollen –, werden mit einem Bettlaken oder mit einer Zeitung dagegen nicht auf Anhieb Bewegungsspiele assoziiert.

Hiermit müssen Kinder wie Erzieher zunächst einmal eigene Ideen entwickeln und die Gegenstände auf ihre Eignung in Spiel- und Bewegungssituationen erproben. Nur mit Phantasie und Einfallsreichtum wird eine Papphröre zum Bewegungsobjekt, eine Zeitung zum Spielgerät. Die Offenheit von Kindern gegenüber dem Verwendungszweck der Dinge und Gegenstände ihrer Umwelt läßt eine vieldeutige Sichtweise zu.

Die Beschränkung auf Alltagsobjekte und ausrangierte Gebrauchsgegenstände darf jedoch nicht so verstanden werden, als seien mit den traditionellen „Handgeräten" keine phantasievollen Bewegungsangebote möglich. Für Kinder haben diese ohne Zweifel einen *hohen Aufforderungsgehalt* und sicherlich auch einen ähnlichen Spielreiz wie viele der im folgenden angeführten Gegenstände.

Der Unterschied besteht vor allem in der Beziehung, die die Kinder zu ihnen haben: Die üblichen Handgeräte sind meist immer schon Bestandteil der Grundausstattung mit Bewegungsmaterialien. Gebrauchsgegenstände und Alltagsobjekte dagegen werden von Kindern oft selbst gesammelt, von zu Hause mitgebracht oder zumindest gemeinsam in der Gruppe für Bewegungsspiele hergerichtet und umgestaltet.

Bereits die äußere Vorbereitung der Geräte führt dazu, daß Kinder sie oft ganz anders wahrnehmen als gekauftes Spielzeug. Kartons, die sie beklebt und bemalt haben, werden z. B. beim gemeinsamen Spiel vorsichtiger behandelt und vor Zerstörung bewahrt.

> Aus ausrangierten Gebrauchsgegenständen werden Geräte, an deren Entstehung sie selbst beteiligt waren, deren Eigenschaften sie bereits bei der Umgestaltung kennenlernen und zu denen sie eine Beziehung gewinnen.

Bei der *Auswahl* können folgende Überlegungen hilfreich sein:

- Hat das Material für Kinder Aufforderungsgehalt, regt es sie zu Spiel und Bewegung an, oder ist der Reiz des Neuen schnell erschöpft?
- Läßt es unterschiedliche Verwendungsmöglichkeiten zu?
- Ist es von Kindern leicht handhabbar und ohne Hilfe von Erwachsenen im Spiel zu bewältigen?
- Birgt es keine Verletzungsgefahr (z. B. scharfe Kanten, hervorstehende Ecken, Splitter usw.)?

Die folgenden Praxisideen sind in Bewegung und im Spielen mit Kindern entstanden.

Viele der Spiele stammen von den Kindern selbst, andere wurden gemeinsam mit Erzieherinnen bei Fortbildungstagungen entwickelt und erprobt.

In der Praxis ist das Spiel mit der Bewegung, mit Geräten und Objekten, das Tanzen und Darstellen, das Bauen und Konstruieren meist ein gegenseitiges „Sich-Inspirieren" der Beteiligten. Die Erzieherin trifft die vorläufige Geräteauswahl, legt bestimmte Spielarrangements fest, die jedoch im Verlauf des Spielprozesses von den Kindern mitgestaltet, verändert oder erweitert werden.

Eine Idee im Umgang mit einem Gerät hat meist die nächste zur Folge; dank des Einfallsreichtums der Kinder stagniert das Spiel nur selten.

Die *Erzieherin* ist dabei in das gemeinsame Tun integriert; sie steht nicht außerhalb, sondern läßt sich von den Ideen der Kinder genau so leiten, wie von ihren eigenen spontanen Einfällen, die sich aus der Spielsituation ergeben. Trotz sorgfältiger Planung der Stunden und Spieleinheiten ist sie offen für das, was die Kinder aus den Angeboten machen.

Der Erlebnisgehalt der folgenden Spiele sollte nicht einem bestimmten Zweck geopfert werden. Sie sind keine Arbeit, die erledigt sein will, sondern sie haben ihre Erfüllung in der Gegenwart: Hier, heute, jetzt muß es schön, aufregend, lustig oder spannend sein.

In diesem Sinne sollen auch die folgenden *Praxisbeispiele* verstanden werden:

- als Anregung, mit Kindern kreative Bewegungsspiele zu arrangieren;
- als Hinweis auf Materialien und Geräte, die die Phantasie anregen und zur Bewegung animieren;
- als Impuls, auch unter schwierigen Bedingungen im Kindergartenalltag geeignete Bewegungsanlässe zu entdecken, zu schaffen und auszubauen.

Die praktischen Anregungen sollten auch die Kreativität der Erzieherin wecken, ihr Ideenrepertoire erweitern und sie darin bestärken, einmal neue, für sie selbst vielleicht ungewohnte Bewegungsangebote mit Kindern auszuprobieren.

> Trotz ihrer eigenen Einfälle und ihres Wissens sollte sie vor allem jedoch neugierig sein auf die Möglichkeiten, die Kinder finden.

5.1 Kleine Dinge – große Wirkung

Erwachsene werfen oft gedankenlos Dinge weg, die für Kinder einen hohen Spielanreiz haben: Papprollen und Joghurtbecher, Bierdeckel und Gardinen-Schnüre – all diese Dinge werden in der Phantasie des Kindes ganz anders eingeschätzt, als wir Erwachsene es uns meist vorstellen können.

Durch Papprollen kann man Bälle kullern lassen oder sie als Fern- oder Sprachrohr benutzen. Mit Joghurtbechern kann man Rasseln herstellen, mit Zeitungsrollen und Luftballons eine Art „Luftballonfederball" spielen.

Das Umfunktionieren des Materials wird von den Kindern meist selbständig vorgenommen. Sie brauchen keine Erklärung, wie die Geräte zu benutzen sind, allenfalls Impulse, um die Vielseitigkeit des Materials zu erkennen.

Im Spiel erhalten die Objekte *Symbolcharakter:* Ein Bettlaken wird zu einem Gespenstermantel, ein Bierdeckel zu einem Stein, auf den man treten kann, um einen flachen Fluß zu durchqueren.

▶ Zeitungsrolle und Luftballon

Eine Zeitung (Doppelblatt) wird der Länge nach aufgerollt, so daß ein fester Stab daraus wird (je „dicker" der Stab aufgerollt wird, um so größer ist der Hohlraum).

Der Zeitungsstab läßt sich gut mit einem Luftballon kombinieren. Beide Materialien sind leicht, und ihre Oberflächen passen sich einander an.

Die Aufgabenstellung: „Wie kann man mit Luftballon und Stab gleichzeitig spielen?" wird von den Kindern meist auf Anhieb mit einer Vielzahl von Kombinationsmöglichkeiten gelöst. So kann der Ballon z. B. mit dem Stab geführt, balanciert, über den Boden gerollt oder einem Partner zugespielt werden.

Spielideen:

- Der Luftballon wird auf dem waagerecht gehaltenen Stab balanciert. Dazu kann man den Stab entweder mit beiden Händen an den Enden fassen oder ihn nur mit einer Hand halten.
- Der Luftballon wandert auf dem Stab hin und her, ohne ihn zu verlassen. Der Stab muß hierbei den Bewegungen des Ballons genau angepaßt werden.
- Man kann den Luftballon auch wie ein Zirkuskünstler – auf dem Stabende balancieren. Damit der Ballon nun den Stab nicht verläßt, müssen die eigenen Körperbewegungen möglichst immer der Flugbahn des Ballons nachgeben. (Abb. 15)
- Der Ballon wird durch einen Impuls mit der Spitze des Zeitungsstabs in die Luft gespielt und auch wieder mit ihm aufgefangen.
- Mit dem Stab kann der Ballon auch auf den Boden geschlagen werden, so daß er auf- und abprellt.
- Wird der Luftballon mit dem Stab über den Boden geführt, ergeben sich neue Spielmöglichkeiten: Der Ballon kann auf ein Ziel, um Hindernisse herum oder einem Partner zugerollt werden.

Abb. 15

- Zwei Kinder versuchen, sich einen Luftballon mit ihren Zeitungsstäben zuzuspielen; welchem Paar gelingt dies ein paar Mal?

▶ **Bierdeckel**

Erst auf den zweiten Blick entdeckt man die Verwendungsmöglichkeiten von Bierdeckeln aus Pappe für Bewegungsspiele.

Kinder benutzen sie zunächst meist als Wurfscheiben; weitere Spielideen bedürfen dagegen oft des Impulses durch die Erzieherin.

Für jeden Mitspieler sollten mindestens 10 Deckel vorhanden sein.

Spielideen:

- *Zielwerfen*
Wie fliegen die Bierdeckel am besten durch die Luft? (Horizontal geworfen werden ihre Flugeigenschaften am besten ausge-

Abb. 16

nutzt.) Im Raum verteilt stehen mehrere Behälter auf dem Boden (Eimer, Kartons usw.), in die die Bierdeckel aus immer größerer Entfernung geworfen werden.

- *„Bierdeckel-Slalom"*
Viele Bierdeckel liegen verstreut im Raum. Die Kinder laufen in Kurven und Schlangenlinien um die Bierdeckel herum. Sie sollen versuchen, nicht auf die Deckel zu treten.

- *„Graben überspringen"*
Die Bierdeckel werden in 2 Reihen auf dem Boden so ausgelegt, daß ein sich verbreiternder Graben entsteht.
Jeder sucht sich nun eine Stelle aus, an der er den Graben überspringt.

- *Balance-Spiele*
– Auf welchen Körperteilen kann man die Bierdeckel balancieren? (Abb. 16)
– Alle legen sich den Bierdeckel auf den Kopf und gehen im Raum umher.

Kann man sich auch hinsetzen, ohne den Deckel zu verlieren?
– Die Kinder legen sich die Bierdeckel zwischen die Füße und hüpfen mit ihnen durch den Raum.
– Der Bierdeckel wird auf den Fußrücken gelegt; auf dem freien Bein versuchen nun alle, so vorsichtig durch den Raum zu hüpfen, daß der Deckel nicht herunterfällt.
– Der Bierdeckel liegt auf der Handinnenfläche. Er soll nun hochgeworfen und mit dem Handrücken wieder aufgefangen werden.

- *Labyrinth:*
– Mit den Bierdeckeln wird ein Labyrinth am Boden ausgelegt. Es ist mehrfach verzweigt und am Ende des richtigen Weges steht eine kleine Glocke (oder ein ähnliches Zeichen dafür, daß das Ziel erreicht worden ist).
Einem Kind werden die Augen verbunden: Es soll mit den Händen den Weg ertasten und bis zum Ziel gelangen.

- *„Fluß durchqueren":*
– Jedes Kind hat 3 Bierdeckel; sie stellen Steine dar, mit deren Hilfe man einen flachen Fluß überqueren oder durch eine große, weite Pfütze hindurchkommen kann.
Wie muß man die „Steine" werfen oder legen, damit man trockenen Fußes durch das Wasser kommt? (Mit jeweils 1 Fuß auf 1 Bierdeckel stehen).
Der „Fluß" kann gekennzeichnet werden, indem z. B. 2 Seile im Abstand von 3 bis 4 m im Raum ausgelegt werden. Bei kleineren Räumen kann auch das ganze Zimmer zum Fluß werden. Die Kinder stehen auf einer Seite des Raumes und sollen auf die andere Seite gelangen.

- *Partneraufgaben zur Körpererfahrung:*

– Jeweils 2 Kinder haben einen Stapel Bierdeckel. Eines von ihnen legt sich auf den Boden und schließt die Augen. Der andere legt einen Bierdeckel ganz vorsichtig auf einen Arm, ein Knie, den Bauch, die Stirn usw. Der Partner soll das Körperteil, das bedeckt wurde, benennen.
– Der Partner deckt den am Boden liegenden ganz sanft mit Bierdeckeln zu. Danach deckt er in der gleichen Richtung die Bierdeckel wieder auf (begonnen wird also mit dem Deckel, der als letzter aufgelegt wurde). (Abb. 17)

Abb. 17

Hinweis: Bei diesen Aufgaben zum Entspannen und zum Kennenlernen des eigenen Körpers ist bei den Kindern Konzentration und Ruhe erforderlich. Sie sollten daher auch nur dann ausgeführt werden, wenn die Kinder dazu bereit sind.
Die Erzieherin sollte im Anschluß an die Übungen mit den Kindern besprechen, was sie an ihrem eigenen Körper wahrgenommen haben (Wärme beim Zudecken mit den Bierdeckeln, Kälte beim Aufdecken).

▶ Joghurtbecher

Mit runden Joghurtbechern (ohne scharfe Ecken) lassen sich nicht nur Rasseln und Geräuschinstrumente basteln (mit Erbsen, Reis oder Sand füllen und einen zweiten Becher oder feste Plastikfolie als Verschluß verwenden), sie eignen sich auch als Material für Spiele mit dem Gleichgewicht.

Abb. 18

Spielideen:

● Den Becher auf dem Handrücken, dem Unterarm oder anderen Körperteilen zu balancieren versuchen;
welche Seite des Bechers eignet sich am besten zum Balancieren?
● Sich den Becher auf den Kopf stülpen und mit ihm durch den Raum gehen. (Abb. 18)
● Kann man sich mit dem Joghurtbecher auf dem Kopf hinsetzen (auf einen Stuhl, auf eine Bank oder sogar auf den Boden)?
● Den Becher auf der Hand balancieren und damit ein Hindernis übersteigen (ein gespanntes Seil, eine Bank, einen Stuhl usw.).
● Den Becher auf den Boden stellen und ihn überspringen (beidbeinig, im Laufen, einbeinig, vorwärts, seitwärts, rückwärts usw.).

Kombiniert mit anderen Objekten kann das Spiel mit den Joghurtbechern erweitert werden: So kann z. B. ein Tischtennisball

Abb. 19

oder ein kleiner Gummiball („Flummi") damit hochgeworfen werden; nachdem er einmal auf den Boden geprellt ist, kann man versuchen, ihn mit dem Becher wieder aufzufangen.

▶ Papprollen

Auch die Innenhülsen von Haushalts- oder Toilettenpapier eignen sich als Spiel- und Bewegungsobjekte. Um ihr Äußeres ansprechender zu gestalten, können sie von den Kindern mit Finger- oder Abtönfarben bunt angemalt werden.

Spielideen:

● Die Rollen werden aufrecht im Raum verteilt auf den Boden gestellt. Die Kinder laufen um sie herum und sollen versuchen, keine Rolle umzustoßen und nicht mit anderen Kindern zusammenzustoßen.

Aus dieser Materialanordnung ergeben sich schnell weitere Spielideen, z. B.:
– auf einem Bein hüpfen und mit dem anderen die Rollen umstoßen;
– die umgestoßenen Rollen mit den Füßen wieder aufzurichten versuchen.
– mit einem Tennisball die Rollen abzutreffen versuchen; der Ball kann gerollt oder geworfen werden.
● Mehrere Rollen werden nebeneinander (wie Kegel) aufgestellt. Wie viele von ihnen können gleichzeitig mit einem Ball umgeworfen werden?
● Man kann auch auf einem Bein hüpfen und mit dem anderen die Rolle durch den Raum treiben.

▶ **Kombination mit Papiertellern**

Auf der Papprolle können auch andere Gegenstände wie z. B. ein Papierteller (Partyteller) oder ein Bierdeckel balanciert werden. Hat man erst einmal die richtige Stelle beim Auflegen gefunden, kann der Papierteller auch durch den Raum getragen oder über Hindernisse hinweg transportiert werden. Ganz waghalsige Kinder versuchen vielleicht, auf den Papierdeckel einige Tennisbälle oder einen anderen Gegenstand zu legen.
Die Kombination von Papiertellern oder Bierdeckeln und Papprollen regt Kinder oft auch dazu an, damit zu bauen. (Abb. 19)

▶ **Heulrohre**

Bei diesem Material handelte es sich ursprünglich um sogenannte Leerrohre (im Baumarkt als Meterware erhältlich). Man kann sie in ca. 1 m lange Stücke zerschneiden, um sie für die folgenden Spielideen einzusetzen. Inzwischen werden die Rohre jedoch auch im Spielzeughandel unter der Bezeichnung „Heulrohre" angeboten, hier haben sie meist bunte Farben. Schwingt man das Heulrohr hin und her oder läßt man es schnell in der Luft kreisen, erzeugt es ein summendes, „heulendes" Geräusch.

Diese Eigenschaft animiert Kinder häufig zu *darstellenden Spielen.* Sie werden z. B. zum Feuerwehrauto, dessen „Sirene" über dem Kopf kreist und zusätzlich von der Stimme unterstützt wird.

Aber auch andere Materialeigenschaften lassen das Rohr zu einem anregenden Spielgerät werden: Es ist elastisch und damit formbar; es ist hohl, so daß man in es hineinblasen oder -sprechen kann; damit kann es zum Elefantenrüssel, zur Trompete oder zum Telefon werden.

Spielideen:

- Mit den Rohren Geräusche erzeugen (Rohr kreisen lassen, im Laufen über dem Kopf im Kreis herumschleudern). Streicht man mit den Fingernägeln oder mit einem Bleistift über die gerillte Oberfläche des Rohrs, entsteht ein kratzendes Geräusch.
- In das Rohr flüstern, pusten oder sprechen. So kann es auch zum Telefon werden; man kann mit sich selber oder mit einem anderen telefonieren.
- Das Rohr über den Boden schlängeln lassen, ein anderes Kind kann darüber springen.
- Kann man das Rohr auch im Kreis über den Boden schwingen, so daß man selber darüberspringen kann?
- Das Rohr mit beiden Händen an den Enden anfassen und überspringen.
- Eine Murmel wird durch das Rohr gerollt, an ihrem Geräusch kann man genau verfolgen, an welcher Stelle des Rohrs sie sich befindet.

Kann man die Murmel auch in die obere Öffnung stecken und sie schnell wieder auffangen, so daß sie nicht zu Boden fällt?

- *Autospiel*

Die Heulrohre werden zu einem Ring zusammengesteckt (ein Ende des Rohrs mit einem Messer einritzen, damit es über das andere Ende geschoben werden kann).
Sie bilden ein Lenkrad, mit dem wir unser Auto steuern können. (Abb. 20)
Ein „Polizist" regelt den Verkehr. Er hat 3 Tücher in den Farben rot, gelb und grün; je nachdem, welches Tuch er hochhält, müssen die Fahrzeuge stehen bleiben (rot), langsam anfahren bzw. bremsen (gelb) oder mit Tempo durch den Raum rasen (grün), ohne jedoch ein anderes Fahrzeug zu rammen. (Jedes Kind legt selber fest, ob es einen schweren LKW, einen schnellen Sportwagen, einen tuckernden Traktor oder ein brausendes Motorrad o. ä. darstellt.)

Die Phantasie bewegen – Bewegung mit Phantasie

Abb. 20

Variation:

Es gibt auch 2 Rettungswagen, die mit dem Heulrohr (über den Kopf schwingen) die Sirene ertönen lassen. Wenn sie im Einsatz sind, müssen alle anderen Fahrzeuge für kurze Zeit ihre Fahrt unterbrechen und am Rand pausieren.

- *Riesenschlange*

Mehrere Heulrohre kann man auch miteinander verbinden: Aus einem Rohr werden hierzu kurze Verbindungsstücke hergestellt (20 cm lange Rohrabschnitte, die der Länge nach aufgeschnitten sind) und über die Enden von 2 Heulrohren geschoben. So entstehen lange Röhren, durch die man Murmeln laufen lassen kann oder mit denen man einen großen Kreis bilden kann (vgl. JANSEN 1988).

5.2 Schwingen – Schweben – Fliegen

Zu den „Wunschgeräten" eines Kindergartens gehört oft ein großes Schwungtuch. Die aus Fallschirmseide oder Kunststoff hergestellten Tücher sind nicht gerade billig, und so bleibt der Wunsch der Erzieherin leider oft unerfüllt.

Leider – weil das Schwungtuch das Miteinanderspielen in der Gruppe unterstützt und viele gemeinsame Aktionen ermöglicht.

Ähnliche Materialeigenschaften wie ein Schwungtuch hat auch ein Bettlaken, eine Plane aus Kunststoff oder sogar ein Netz, das zum Schutz der Früchte an Bäumen oder Sträuchern vor Vögeln verwendet wird. Auch Wolldecken und kleinere Tücher eignen sich für Spiele, bei denen das Schweben und Schwingen zur leitenden Idee wird.

Jedes der angegebenen Materialien hat eine ganz spezifische Eigenschaft, man kann mit ihm etwas machen, was mit den anderen nicht möglich ist. Wenn ein Schwungtuch also nicht erschwinglich ist, lohnt sich die Ausstattung mit den genannten Alternativen; sie sind nicht nur guter Ersatz, sondern auch eine sinnvolle Ergänzung und fordern zu vielen interessanten Spielideen heraus.

▶ Wolldecken

Auf dem Boden ausgebreitete Wolldecken machen Parkett- oder Kunststoffböden zu einer Rutschbahn. Man kann Anlauf nehmen, auf die Decke springen und auf ihr durch den ganzen Raum rutschen. Ein oder zwei Kinder können ein anderes ziehen, es kann sich dabei auf die Decke legen, es kann aber auch im Sitzen oder Hocken und vielleicht sogar im Stehen gezogen werden. Wenn das Hocken oder Stehen zu wackelig wird, kann man sich auch an der Decke festhalten.
Wie viele Kinder können auf der Decke sitzen oder liegen, wenn diese von mehreren anderen gleichzeitig gezogen wird?
Die ganze Gruppe kann gemeinsam versuchen, ein auf der Decke liegendes Kind hochzuheben, sanft hin- und herzuschaukeln. Wenn genügend Kinder und mindestens eine Erzieherin die Ränder der Decke fest anfassen (zur besseren Griffhaltung sollte der Rand ein wenig eingerollt werden), kann durch Lockerlassen und Straffziehen der Decke ein auf ihr lie-

gendes Kind sogar leicht hochgeworfen und weich wieder aufgefangen werden.
Über zwei im Abstand von ca. 1 m nebeneinander aufgestellte Bänke wird eine Decke gelegt: Es entsteht ein langer dunkler Tunnel, durch den man kriechen und rutschen kann.
Mit Wolldecken erfinden Kinder schnell weitere Spiele: Höhlen und Butzen lassen sich aus dem Mobilar, aus zusammengestellten Tischen und Stühlen, die mit den Decken behängt werden, bauen.
In die Decke kann man sich einwickeln, sich unter ihr verstecken oder sich auf ihr vom anstrengenden Spiel erholen.

▶ **Bettlaken**

● Mehrere Kinder halten ein Bettlaken an den Ecken und Seiten. Sie lassen einen Ball auf dem Laken entlangrollen und versuchen, es so zu halten, daß der Ball nicht hinunterfällt. (Abb. 21)
● 2 Bälle spielen auf dem Laken „Nachlaufen". Gelingt es, ihr Rollen so zu steuern, daß sie sich treffen?
● Auf das Laken wird zusätzlich ein runder Papierkorb gelegt, so daß seine Öffnung zur Seite zeigt. Gelingt es, die Bälle in den Papierkorb rollen zu lassen?
● Die Bälle sollen auf dem Laken hochgeworfen und auch wieder aufgefangen werden.
● 2 Kinder spielen mit einem Laken „Tauziehen". Die Bettlaken lassen sich von Kinderhänden besser greifen als ein Seil und tun auch bei einem länger andauernden „Wettziehen" nicht weh.
● Mehrere Bettlaken werden aneinandergeknotet, so daß die ganze Gruppe gemeinsam ein „Tauziehen" veranstalten kann.
● Zwei Kinder fassen das Laken mit beiden Händen, halten es über ihre Köpfe und versuchen, es im Laufen durch den Raum zum Flattern zu bringen. Das Bettlaken wird so zu einem großen Dach, das durch den im Laufen erzeugten „Wind" in der Luft schwebt.
● Jeweils ein Kind hält eine Ecke des Tuches fest. Alle vier Kinder laufen nun gemeinsam durch den Raum, so daß das Tuch sich hinter ihnen aufbläht und wie ein großes Segel aussieht.

Schwingen – Schweben – Fliegen

Abb. 21

- Werden 2 oder 4 Bettlaken aneinandergenäht, erhält man ein Schwungtuch, das zwar etwas schwerer ist als das im Handel zu erwerbende, das aber doch von der Gruppe zum Schwingen gebracht werden kann.

Hierfür stellen sich alle Kinder um das Tuch herum, halten es mit den Händen fest und führen es zunächst zum Boden, um es dann auf ein gemeinsames Zeichen gleichzeitig vor sich hochzureißen. Das Tuch wölbt sich nun über ihren Köpfen und bilden ein großes Dach über der ganzen Gruppe.

▶ Vogelschutznetze

Vogelschutznetze gibt es in unterschiedlichen Maßen. Die Standardgrößen 10 × 4 m und 5 × 4 m lassen sich auch – je nach Anzahl der Mitspieler und abgestimmt auf die Zielsetzung – zerteilen (z. B. auf eine runde Form zurechtschneiden).

Die Phantasie bewegen – Bewegung mit Phantasie

Die Materialeigenschaften eines Vogelschutznetzes machen es zu einem idealen Gerät für eine Kindergruppe: Es ist leicht, elastisch, kann von Kinderhänden gut gehalten werden, es ist durchsichtig und läßt sich entsprechend der Gruppengröße der Kinder auch zusammenlegen und verkleinern; aufgrund seines geringen Gewichtes läßt es sich leicht zum Schwingen und Schweben bringen.

Spielvorschläge:

- Die Kinder stehen verteilt um das Netz herum. Sie fassen am Rand an und versuchen, es straff zu ziehen.
- Ein Luftballon wird auf das Netz gelegt; gelingt es, den Ballon durch Straffziehen und Lockerlassen des Netzes zum Fliegen oder Rollen zu bringen?
- Mehrere Luftballons werden dazugelegt. Wie muß das Netz bewegt werden, damit alle Luftballons darauf „durcheinandertanzen"? (Abb. 22)

Bei dem Auf- und Abschwingen, den Hin- und Herbewegungen des Netzes rollen die Ballons leicht herunter. Zwei Kinder betätigen sich als „Ballonsammler" und fangen die Ballons schnell wieder ein.

- Die Luftballons werden gegen einen Gymnastikball ausgetauscht. Das Gewicht des Balles macht ein gleichmäßiges Straffziehen des Netzes erforderlich. Kann das Rollen des Balles auf dem Netz so gesteuert werden, daß er immer an der Außenseite entlangrollt oder von einem Kind über das ganze Netz hinweg zu einem anderen rollt?
- Gelingt es, den Ball gemeinsam hochzuschleudern und ihn mit dem Netz wieder aufzufangen?

Beim Hochschleudern müssen alle das Netz anspannen, beim Auffangen lassen sie es locker.

- Wird das Netz doppelt gelegt, kann sich ein Kind auch darauflegen. Von den anderen wird es sanft und behutsam hin- und hergewiegt oder durch den Raum getragen.

Als Vorübung kann diese Aufgabe auch zunächst einmal mit einem Teddybär oder einer Puppe ausprobiert werden.

Abb. 22

▶ **Handtücher/Rhythmiktücher**

Vielseitig verwendbar in der Bewegungserziehung von Kindern sind bunte Rhythmiktücher, die in den Grundfarben rot, blau, grün und gelb erhältlich sind.

Sie haben eine Größe von 80 × 80 cm, sind aus Baumwollstoff und können – bei Bedarf – auch selbst aus alten Bettlaken zurechtgeschnitten und eingefärbt werden.

Als Alternative können für die Durchführung folgender Aufgabenbeispiele auch Küchentücher oder Handtücher verwendet werden.

● Jeweils 2 Kinder erhalten ein Tuch;
welche Spiele kann man zu zweit mit dem Tuch durchführen?

Beispiele:

● Tauziehen (gut möglich mit einem Handtuch, jedoch weniger gut mit dem aus dünnerem Material bestehenden Rhythmiktuch)
● „Stierkampf!": Einer hält das Tuch an 2 Enden hoch und bewegt es seitlich neben seinem Körper; der andere spielt den

„Stier", er versucht, gegen das Tuch zu rennen, unter ihm hindurchzuschlüpfen usw. (Abb. 23)
- Beide Kinder fassen das Tuch an jeweils 2 Enden, ziehen es straff und transportieren darauf einen Gegenstand (Schaumstoffwürfel, Ball, Sandsäckchen o. ä.).
Wenn 2 „Transporter" sich begegnen, kann ein Paar auch eine Brücke bilden, unter der das andere hindurchfährt.
- Mehrere Paare bilden mit ihren Tüchern einen langen Tunnel, durch den ein anderes Paar hindurchlaufen kann.
Aus dieser Idee kann sich auch ein Spiel mit einfachen Regeln entwickeln:
- Alle Paare stehen sich gegenüber in einer Reihe und halten ihre Tücher möglichst hoch.
Das 1. Paar der Reihe läuft durch den Tunnel und stellt sich am Ende der Reihe an. Sobald es angekommen ist, läuft das nächste Paar los.

Abb. 23

Abb. 24

▶ Chiffontücher

Diese Tücher sind aus hauchdünnem Material; aufgrund ihres geringen Gewichtes schweben sie länger in der Luft als die Rhythmiktücher und werden oft auch zum Jonglieren benutzt.

Spielideen:

- Das Tuch hochwerfen und zum Auffangen nicht die Hände, sondern andere Körperteile benutzen.

- *„Tuchschlacht"*
Alle Kinder versuchen, mit ihrem Tuch die Erzieherin abzutreffen. Das Tuch muß dabei abgeworfen werden (nicht mit einer Hand halten und damit „schlagen").
- Die Erzieherin wirft alle Tücher zusammen hoch in die Luft; jedes Kind versucht, ein Tuch aufzufangen.
- Jedes Kind hat 2 Chiffontücher. Können beide gleichzeitig hochgeworfen und dann mit jeweils einer Hand ein Tuch aufgefangen werden?
- Anstatt zur gleichen Zeit können die Tücher auch mit jeweils einer Hand nacheinander hochgeworfen und mit der anderen Hand wieder aufgefangen werden (dies ist eine Vorübung für das Jonglieren mit 3 Tüchern). (Abb. 24)

5.3 Bauen – Wippen – Balancieren

Auch größere Materialien, die aus dem Alltagsgebrauch der Erwachsenen ausrangiert worden sind, können zweckentfremdet und zu reizvollen Sport- und Spielobjekten umfunktioniert werden. So geht z. B. die Idee der *„Bewegungsbaustelle"*, die von einer Gruppe von Sportpädagogen ins Leben gerufen worden ist, davon aus, daß es gerade die halbfertigen Dinge sind, die für Kinder zu Bewegungsanlässen werden. Zur Bewegungsbaustelle gehörten ursprünglich Dinge, die auch auf einer Baustelle zu finden sind: Balken, Bretter, Leitern, Rohre, Drainagerohre, Styroporblöcke, Holzklötze, Seile und Planen. Hinzu kamen Gebrauchsgegenstände wie Autoreifen, Eimer, Kisten. In gemeinsamer Arbeit mit Eltern wurden diese Materialien auch zu größeren Spiel- und Bewegungsgeräten zusammengebaut. So entstanden Schlauchtramps, Kullerbahnen und Turnkästen, die untereinander vielseitig kombinierbar waren und die Kinder zur aktiven Auseinandersetzung und zur selbständigen Neu- und Umgestaltung anregten (vgl. MIEDZINSKI 1983).

Viele dieser Bewegungsideen sind mit Erfolg bei größeren Spielaktionen, bei Sommerfesten und auch im Kindergartenalltag ausprobiert worden. Wichtig ist bei der Umsetzung dieser Ideen jedoch nicht allein der Aspekt der Material- und Geräteverwendung, sondern vor allem auch das methodische Prinzip des selbstgesteuerten Lernens. Den Kindern werden keine Aufgaben, Übungen und Anleitungen vorgegeben, sondern sie können aus dem Angebot frei auswählen, wie und womit sie sich beschäftigen wollen (BRAUN/HOPPE 1987).

Hier soll an einigen Beispielen gezeigt werden, welche Bewegungsgelegenheiten Kinder an den meist sperrigen Gebrauchsgegenständen entdecken und zu welchen großräumigen Bewegungserfahrungen sie sie animieren.

Die dazu ausgewählten Materialien lassen sich sowohl im Bewegungsraum oder in der Halle des Kindergartens als auch auf dem Spielgelände im Freien einsetzen. Viel Anklang finden sie meist auch bei Spielfesten (Kap. 7) und bei gemeinsamen Spielangeboten für Eltern und Kinder.

▶ Autoschläuche

Ausrangierte Autoschläuche (von PKWs, LKWs und Treckern) sind beim Reifenhandel erhältlich. Manchmal muß man kleine Löcher wie bei einem Fahrradschlauch flicken. Die Schläuche sollten gut aufgepumpt sein. Um Verletzungsgefahren zu vermeiden, sollten die Ventile verkürzt und mit Klebeband abgedeckt werden. Meist lassen sich die Ventile einfach abschrauben, so daß die Kappen auf das kurze Gewinde wieder aufgeschraubt werden können.

Um das Äußere der Schläuche etwas freundlicher und lustiger zu gestalten, kann man sie mit Abtönfarben bunt anmalen. Eine solche Aktion sollte im übrigen mit den Kindern selbst geplant und durchgeführt werden: Je zwei Kinder dürfen ihren Schlauch mit selbstgewählten Motiven bemalen. Mit Streifen und Blumen, Punkten oder Phantasiemustern versehen motivieren die Schläuche noch mehr zu Bewegungsspielen. Allerdings kann dann die Luft nicht mehr abgelassen werden, weil sonst die Farbe auf dem dehnbaren Material abbröckelt.

Im Umgang mit dem Material sind Kinder sehr erfindungsreich. Sie bauen damit Straßen, Inseln, Türme und Tunnels. Damit auch die individuelle Auseinandersetzung mit den Geräten möglich ist, sollte für jeweils zwei Kinder mindestens 1 Schlauch vorhanden sein.

Die Phantasie bewegen – Bewegung mit Phantasie

Spielideen:

● Zwei Kinder spielen mit einem Schlauch. Sie gehen, laufen und stehen darauf; das nachgiebige, weiche Material macht selbst einfachste Bewegungformen zu ständigen Balanceproben.
● Beim Springen und Federn zeigt der Schlauch Trampolineffekte: Wenn man darauf federt, wird man hochgeschleudert und landet meistens an einer anderen Stelle als dem Ausgangsort. Die Kunst besteht darin, sich nicht auf den Boden schleudern zu lassen, sondern wieder irgendwo auf dem Schlauch aufzukommen. So kann man auch versuchen, bei jedem Federn das Loch in der Schlauchmitte zu überspringen.
● Mehrere Schläuche liegen hintereinander. Man kann über sie gehen und versuchen, möglichst lange oben zu bleiben; ebenso sind auch weite Sprünge über die Schläuche möglich, so daß man nur in die „Löcher" tritt.
● Die Schläuche kann man auch durch den Raum oder über den Rasen „treiben", von einer schiefen Mattenbahn oder einem kleinen Berg herunterrollen lassen, einem Partner zurollen.
● Bindet man um den Schlauch herum ein Seil, kann sich ein Kind in den Reifen setzen und von einem anderen ziehen lassen. Auf einer Wiese sind hierzu meist zwei Kinder als „Zugpferde" erforderlich.
● Mehrere Schläuche werden übereinander gestapelt. Welche sind für das Fundament geeignet, welche bilden die Spitze? In dem Reifenturm können sich ein oder zwei Kinder verstekken, oder die Reifen werden um sie herum aufgetürmt. Einige Kinder versuchen, von außen in den Turm zu klettern, ohne daß er umkippt – oder sie experimentieren mit seiner Standfestigkeit und lassen sich absichtlich gemeinsam mit dem Turm umfallen.

Kombiniert man Schläuche und Autoreifen mit Brettern unterschiedlicher Länge und Breite, ergeben sich:

● Laufstege und Balancierwege, Brücken und Wackelbalken. Ein Brett wird auf jeweils 2 Schläuche gelegt, oder mehrere Schläuche und Reifen werden mit den Brettern verbunden.
● Rutschen: Von mehreren aufeinandergestapelten Schläuchen führt ein Brett zum Boden.

Abb. 25

- Wippen: Ein Brett liegt mit der Mitte auf 2 Autoreifen. Über die Wippe kann man vorsichtig gehen oder das Brett in der Mitte stehend im Gleichgewicht zu halten versuchen. Zwei Kinder können auch gemeinsam wippen: Im Sitzen, Knien oder sogar im Stehen. (Abb. 25)

Pappkartons

Im Fachhandel für Haushaltsgeräte und in Supermärkten findet man stabile Pappkartons, deren vielseitige Verwendbarkeit in Bewegung und Spiel gerade für Kindergartenkinder immer neue Impulse erhält.

Das Material ist ungenormt, kein Karton gleicht dem anderen, und daher sind die mit einem Karton gemachten Erfahrungen auch nicht ohne weiteres auf einen anderen übertragbar.

- Stabile, große Kartons eignen sich zum Häuser- und Tunnelbau.
- In kleinere kann man springen, sich hineinsetzen und damit laufen (Boden herausschneiden oder nach innen klappen).

- Man kann mit ihnen Türme bauen und sich darin verstecken.
- Auf glattem Boden (Turnraum) können die Kartons mit einem Stab durch den Raum geschoben werden, mindestens zwei Kinder braucht man, wenn die Kartons groß und evtl. mit leichtem Material gefüllt sind (Ballons, Bälle, Pezziball).
- In einen Karton, der von zwei Kindern in der oben beschriebenen Weise durch den Raum geschoben wird, versuchen die anderen, Bälle zu werfen.

Getränkekisten

Für das selbständige Spiel der Kinder sind auch Getränkekisten gut geeignet: Sie sind leicht zu transportieren, stehen fest auf dem Boden und halten problemlos das Gewicht der Kinder beim Springen, Balancieren und Klettern aus. Die unterschiedlichen Ausmaße der Kisten lassen vielseitige Bauideen zu; vorteilhaft ist, daß sie drinnen wie draußen zu verwenden sind (auf einer Wiese stehen sie sogar am sichersten) und selbst eine Nacht im Regen ihnen nichts anhaben kann.

Spielideen:

- Mehrere Kisten hintereinander aufgestellt ergeben eine Balancierstraße. Unterschiedliche Abstände der Kisten erfordern auch einmal einen Sprung auf die nächste Kiste.
- Die Kisten können auch zu einer Treppe zusammengestellt werden, auf die man hinaufsteigen und von oben auf eine Matte oder auf den Rasen hinabspringen kann.
- Genau wie die Autoschläuche kann man die Kisten auch mit Brettern und Balken verbinden. So lassen sich unterschiedlich hohe Brücken, weitverzweigte Balancierstege und sogar schräg abfallende Kriechstraßen bauen. (Abb. 26)

Wenn Kinder selbständig mit Bewegungsangeboten umgehen, Material einsetzen, miteinander kombinieren wollen, dann entstehen oft *Konflikte* und *Auseinandersetzungen*. Manchmal liegt dies auch an der Fülle der Materialien, die die Kinder überfordert. Gerade zu Beginn des Spiels sollten Geräte nur nach und nach bereitgestellt werden. Es zeigt sich in den meisten Fällen, daß die Kinder fähig sind, aus einem überschaubaren Geräteangebot selbständig Bewegungsideen zu entwickeln, nach und

Abb. 26

nach kann das Spiel durch Hinzunahme anderer Geräte erweitert und um viele Variationen bereichert werden.

Unverzichtbar sind ausgedehnte *Experimentierphasen.* Bereits während des Ausprobierens der Geräte und Materialien entstehen Spielideen, die einzelne Kinder oder aber die Erzieherin in die Gruppe einbringen.

Daraus lassen sich Spiele für die Gesamtgruppe entwickeln; sie können jedoch auch lediglich als Impulse verstanden werden, wie das Material in einer noch nicht bekannten Art verwendet werden kann.

5.4 Spiele zur Förderung der Feinmotorik und der Handgeschicklichkeit

Die vorangegangenen Spielideen beanspruchten sowohl grob- als auch feinmotorische Fähigkeiten. So waren beim Spiel mit Bierdeckeln großräumige Bewegungsabläufe genauso gefragt wie kleinräumige Bewegungen, die einer möglichst genauen Steuerung bedurften (z. B. Bierdeckel balancieren oder auf verschiedene Körperteile eines Partners legen).

Unter *„feinmotorischen Fähigkeiten"* wird allgemein der Umgang mit Schreib- und Malstiften, mit Schere und anderen Bastelmaterialien verstanden. Diese Fähigkeiten umfassen vor allem den isolierten Gebrauch von Körperteilen wie Hand, Finger, Fuß, mit denen präzise, kleinräumige Bewegungen ausgeführt werden.

Kinder im Kindergartenalter haben bei differenziertem Zeichnen und dem Schreiben große Mühe. Oft stellen Erwartungen der Eltern oder Erzieherinnen, beim Malen den Rand des Blattes zu beachten, nicht darüber zu malen, eine Überforderung dar. Die Kinder steuern ihre Finger noch aus dem Schulter- und Ellbogengelenk.

Feinmotorische Bewegungen, wie sie der Erwachsene beherrscht, kommen aus dem Finger- und Handgelenk und sind Kindergartenkindern noch nicht möglich.

Grobmotorische, großräumige Bewegungsabläufe werden von Kindern dagegen immer besser und früher beherrscht als feinmotorische Bewegungen, da die größeren Muskeln sich schneller entwickeln als die kleineren.

Die grobmotorische „Bewegungsbeherrschung" ist daher auch Voraussetzung für feinmotorische Lernprozesse. Sie bildet die Grundlage für jede Ausdifferenzierung der Bewegung.

Oft machen sich Eltern schon vor dem Eintritt ihrer Kinder in die Schule Gedanken darüber, ob deren Feinmotorik auch so weit entwickelt ist, daß sie den Anforderungen der Schule gerecht werden. Der Kindergarten – so hoffen sie – solle diese Lücke durch gezielte Angebote schließen.

Auch wenn diese Sorgen meist unbegründet sind und die Förderung der Feinmotorik nur einen Teil der an der Ganzheit des Kindes orientierten Kindergartenarbeit einnimmt und nicht überbewertet werden sollte, wird doch oft zu wenig bedacht, daß auch die Einbeziehung der Kinder in einfachste Handreichungen (z. B. Wäsche aufhängen und Knöpfe sortieren) dazu beiträgt, daß sie in ihrer Feinmotorik geschickter und zunehmend sicherer werden. Feinmotorische Lernprozesse laufen nämlich nicht nur beim Schreiben, Schneiden, Werken und Kneten ab. Sie sind auch bei alltäglichen Anforderungen an das Kind, wie dem Verschließen und Öffnen von Knöpfen, dem Einfädeln eines Reißverschlusses oder dem Zubinden der Schnürsenkel wirksam.

Es ist allerdings unsinnig, mit Kindern einzelne feinmotorische Tätigkeiten (z. B. das Binden einer Schleife oder das Führen einer Schere) zu trainieren. Dies kann zwar zur Ausbildung einer spezifischen Fertigkeit beitragen, diese ist jedoch nicht auf andere Situationen übertragbar und würde auch nicht zu einer allgemeinen Verbesserung der feinmotorischen Fähigkeiten führen.

Weitaus sinnvoller ist es, das Interesse des Kindes am Greifen, Tasten und am gezielten Einsatz der Hände und Finger durch *spielorientierte Anregungen* zu fördern. Dies erfolgt z. B. beim Bauen mit Holz- und Steckklötzen, beim Einfädeln von Perlen, bei Tast- und Fingerspielen oder bei Papierfalt- und -klebearbeiten.

Die Erzieherin kann solche Situationen auch zur Beobachtung nutzen und verfolgen, wie Kinder mit den Aufgabenstellungen umgehen, wie z. B. Sehen und Greifen koordiniert werden und ob das Sehen das Greifen steuert. Die aufmerksame Beobachtung kann dabei helfen, Schwierigkeiten des Kindes in der *Auge-Hand-Koordination,* die eine Grundlage feinmotorischer Fähigkeiten darstellt, zu erkennen.

Auch die folgenden Beispiele sind mit Anforderungen an die feinmotorischen Fähigkeiten verbunden. Sie sollten jedoch nicht als „Übungen" verstanden werden, die der Reihe nach durchzuführen sind, sondern auch hier handelt es sich vielmehr um Bewegungsideen, die für Kinder einen unmittelbaren Spielreiz besitzen.

So haben Kinder auch nie das Gefühl, daß nun mit ihnen „Feinmotorik geübt wird", sondern die Spielsituation wird als

Ganzes sinnvoll erlebt; ganz nebenbei werden damit eben auch die Finger- und Handgeschicklichkeit verbessert.

▶ Wäscheklammern – nicht nur zum Wäsche klammern

Wäscheklammern stellen ein sehr brauchbares, darüber hinaus auch reizvolles Material dar, um die Greiffähigkeit der Hände, hier insbesondere den „Pinzettengriff" (Greifen mit Daumen und Zeigefinger), zu üben. Die Klammer öffnet sich nur bei kraftvollem Druck. Vielen Kindern wird dies nicht ohne Üben und häufiges Ausprobieren möglich sein.

Bevor die folgenden Spiele daher in der Gruppe erprobt werden, sollten bereits einfache Situationen des Gebrauchs der Klammern vorhergegangen sein (z. B. Aufhängen von mit Wasserfarbe gemalten Bildern auf eine Leine).

Die folgenden Spielideen mit Wäscheklammern leiten meist längere Spielszenen der Kinder ein. Oft stellen die Aufgaben nur einen ersten Impuls dar, der von den Kindern aufgegriffen und in *komplexere Spielhandlungen* eingebaut wird. So kann z. B. die „Indianer-Idee" der Einstieg für eine Reise ins Land der Indianer sein; die Indianer reiten auf Pferden (Stäbe), und mit Trommeln (Waschmitteltonnen) kann die Musik für einen Indianertanz erzeugt werden.

● *Indianerkostüme*
Je zwei Kinder befestigen sich gegenseitig viele Klammern an die Arme ihrer Pullover und Jacken (darauf achten, daß die Klammern nur an der Kleidung befestigt werden und nicht aus Versehen die Haut berühren. Vorsicht auch bei langen Haaren).
So entstehen plötzlich viele Indianer, die vielleicht gemeinsam zur Trommelmusik tanzen.
● Können sich zwei Kinder auch mit ihrer Kleidung aneinanderklammern und gemeinsam durch den Raum gehen, ohne daß die Klammern sich lösen?
Welche Kleidungsstücke können am besten miteinander verbunden werden?
Wann fällt das Sichbewegen leichter, wenn Hosenbeine oder Pullover/Jacken aneinandergeklammert sind?

- „Engel"
Zeitungs- oder Malpapier wird als „Flügel" an die Kleidung geheftet. Jedes Kind hilft hierbei einem anderen, das Papier am Rücken und an den Armen mit der Kleidung zu verbinden. Können sich die „Engel" nun auch bewegen und mit ihren Flügeln durch den Raum schweben?
- Je zwei Kinder erhalten ein Zeitungsblatt und 2 Klammern. Jedes Paar soll nun versuchen, mit der Klammer das Zeitungsblatt hochzuheben. Dabei kann die Phantasie mit folgender Idee beflügelt werden:
„Das Blatt kommt frisch aus der Druckpresse und färbt noch ganz stark ab. Die Klammern sollen verhindern, daß Farbe an die Finger kommt."
- Mehrere Zeitungsblätter sollen mit Klammern aneinandergeheftet werden. Die Blätter werden dazu am besten auf den Boden gelegt und sowohl an den Breit- als auch an den Längsseiten miteinander verbunden, so daß ein rechteckiger Riesenbogen entsteht.
Können alle Kinder es gemeinsam schaffen, den Riesenbogen hochzuheben, ohne daß sich die Klammern lösen oder das Papier reißt?
- Ein Kind – oder die Erzieherin – soll einen Mantel aus Zeitungspapier erhalten. Mehrere Kinder versuchen gemeinsam, einen solchen Mantel aus Papier und Klammern herzustellen und ihn dem Kind anzuprobieren.

Bei vielen dieser Aufgaben können anstelle der Zeitungen auch Tücher (Rhythmiktücher usw.) verwendet werden. Für jüngere Kinder kann von Vorteil sein, daß das zusammengeklammerte Material nicht zerreißt, für ältere stellt gerade dieses Risiko einen Reiz dar und unterstützt behutsames und vorsichtiges Umgehen mit Papier und Klammern.

Laufspiele mit Wäscheklammern

- Mit Wäscheklammern läßt sich die Förderung der Handgeschicklichkeit und der Feinmotorik auch in Kombination mit Lauf- und Fangspielen durchführen. Diese Spiele sind vor allem für die älteren Kinder der Gruppe empfehlenswert.
Beispiel: Alle Kinder erhalten 4 Klammern, die sie sich an ein Kleidungsstück heften. Jeder soll nun versuchen, so viele Klammern wie möglich von den anderen zu erjagen. (Abb. 27)

Die Phantasie bewegen – Bewegung mit Phantasie

Abb. 27

- Darüber hinaus können Wäscheklammern, wenn sie aus buntem Kunststoff sind, auch zur Gruppeneinteilung von Kindern benutzt werden. Die Erzieherin verteilt Klammern in einer auf die Kindergruppe abgestimmten Zahl (Farben vorher entsprechend der erforderlichen Anzahl der Gruppenmitglieder sortieren).

Die Kinder mit der gleichen Klammerfarbe bilden nun eine Gruppe (zur besseren Unterscheidung sollten die Klammern angesteckt werden).

5.5. Was Kinder bewegt
Spiele zum Darstellen und Sichausdrücken

„Mach nicht so ein Theater", wie oft hört man diesen Satz von Eltern, Erzieherinnen, Lehrern, – meistens dann, wenn Kinder einen Wutanfall haben, wenn sie quengeln und zetern, jammern und heulen, sich aus Protest auf den Boden werfen oder ärgerlich mit den Füßen aufstampfen.

„Führ dich nicht so auf", heißt es dann oder „tu nicht so". Mit diesen oft gedankenlos getroffenen Aussagen stellen die Erwachsenen die körperlichen Gefühlsausbrüche der Kinder auf eine Ebene mit einem „so tun als ob"; es scheint also, als ob Kinder nicht das aus sich herauslassen sollten, was in ihnen steckt, als ob ihr Verhalten nicht als echt angesehen würde. Daß das Gefühl echt ist, kann wohl kaum jemand bestreiten, aber müssen Kinder tatsächlich darum „so ein Theater" machen?

Kinder drücken ihre Gefühle, Stimmungen und Bedürfnisse unmittelbar aus. Wut und Freude, Aggression und Traurigkeit spielen sich nicht nur in ihrem Inneren ab, spiegeln sich nicht nur in Mimik und Gestik wieder oder werden verbal mitgeteilt, manchmal sind sie schon an der Körperhaltung der Kinder erkennbar. Meist werden sie auch in Bewegung umgesetzt; Kinder springen und tanzen vor Freude, stampfen vor Wut auf den Boden oder „lassen den Kopf hängen".

Erwachsene haben gelernt, ihre Gefühle wenigstens nach außen zu kontrollieren, man kann auch sagen: Sie haben verlernt, ihren Gefühlen Ausdruck zu geben.

Oft erwarten sie dies bereits von den Kindern: „Beherrsche dich" –, dabei können diese oft gar nicht anders, als sich körperlich „Luft zu verschaffen"; es erleichtert sie und läßt sie das Empfundene auch schneller und besser verarbeiten. Kinder, die alles „schlucken", die sich nicht äußern, zeigen damit auch, daß sie bereits resigniert haben und keine Hoffnung mehr haben, in ihrem Umfeld etwas zu ändern.

Aber nicht nur im alltäglichen Leben, auch im Spiel lieben Kinder das *Darstellen mit Körper und Bewegung*. Auch hier werden Gefühle mit Stimme, Körper, Sprache und Bewegung artikuliert: Ein Rumpelstilzchen, das vor Wut auf den Boden stampft, ein Schneiderlein, das sich vor Stolz brüstet; mit Begeisterung wird hier mit der Darstellungsmöglichkeit von Gefühlen gespielt und experimentiert. Oft bieten die Rollen von

Tieren und Märchenfiguren dabei auch den Schutz, den Kinder bei der Äußerung des von Erwachsenen nicht immer akzeptierten Verhaltens brauchen (vgl. ELLWANGER/GRÖMMINGER 1989, JAVUREK 1988).

Hier können die Kinder in Rollen schlüpfen, die sie im Alltag nur selten oder nie spielen können: Eine gute Fee oder eine Prinzessin, aber auch ein Gespenst oder ein böses Tier.

Diese *„Rollen- und Darstellungsspiele"* können

- befreiend wirken, wenn die Rolle Verhaltensweisen ermöglicht, die normalerweise verboten sind oder von den Erwachsenen nicht gern gesehen werden,
- Entlastung mit sich bringen, wenn die gespielte Situation im Alltag mit Furcht verbunden ist und das Spiel die Auseinandersetzung mit nicht realen Vorstellungen mit sich bringt,
- die kindliche Kreativität und Vorstellungskraft anregen und die Erlebnisfähigkeit in Spiel- und Bewegungssituationen unterstützen.

So ermöglicht die Darstellung von Tieren, ihren Bewegungsformen und Verhaltensweisen dem Kind, in die Rolle des Stärkeren, aber auch des Schwächeren zu schlüpfen. Spielt es z. B. ein starkes, unbesiegbares Tier, können in ihm Fähigkeiten (z. B. Durchsetzungsvermögen, sich zur Wehr setzen) geweckt werden, die es sich selbst nie zugetraut hätte.

Oft übernimmt es auch die Rolle dessen, vor dem es sich fürchtet. Es spielt den bösen Hund, die Hexe oder ein furchterregendes Gespenst.

Mit Hilfe der Reproduktion und auch der Vorwegnahme von Situationen, die angstbesetzt sind, kann das Kind Spannungen abbauen, Aggressionen abreagieren, unerfüllte oder unerlaubte Wünsche in konkreter oder symbolischer Form realisieren und so sein seelisches Gleichgewicht stabilisieren.

Umgekehrt läßt die Übernahme der Rolle eines schwächeren, kleineren und auch jüngeren Tieres die Möglichkeit des Beschütztwerdens zu. Endlich einmal muß man nicht groß, stark und vernünftig sein, sondern kann in der „Babyrolle" Hilfsbedürftigkeit signalisieren.

Ein Tier kann sich kaum „daneben" benehmen; es darf am Boden herumrollen, auf allen Vieren kriechen, es kann auch Ag-

Abb. 28

gressionen ausdrücken und fauchen, brüllen oder „die Zähne zeigen". Damit kann unter der Berücksichtigung der körperlichen Unversehrtheit der Mitspieler auch mit Verhaltensweisen experimentiert werden, die im realen Lebensalltag meist nicht erlaubt sind.

Kindern, die sich von den Erwartungen der Erwachsenen überfordert fühlen, können solche Spiele *Entlastung* bringen.

Gerade die Darstellung magisch-phantastischer Figuren wie Hexen, Geister und Gespenster hat für Kinder eine große Anziehungskraft, obwohl sie mit ambivalenten Gefühlen verbunden ist: Ein bißchen fürchtet man sich zwar vor ihnen, andererseits bringen sie jedoch viel *Spannung* mit sich. (Abb. 28)

Das Hineinschlüpfen in die Gestalt einer Hexe oder eines Gespenstes ermöglicht die Identifikation mit einem unbekannten Wesen, von dem die Erwachsenen zwar behaupten, daß es in der Realität nicht existiert, das aber doch in vielen Geschichten, Filmen und Liedern vorkommt und das im Dunkeln und beim Al-

Die Phantasie bewegen – Bewegung mit Phantasie

leinsein des Nachts auch in der eigenen Phantasie auftaucht. Selbst zu einem solchen, noch nie gesehenen, aber doch genau vorstellbaren Wesen zu werden, die gefürchteten Geräusche selbst zu produzieren, sein Äußeres und auch die eigene Bewegung entsprechend der jeweiligen Rolle verändern zu können, löst Spannungen und nimmt viel von der Angst, einem solchen Wesen nicht gewachsen zu sein (vgl. ZIMMER 1988 a, 57 f.).

Als Einstieg für „Darstellendes Spielen" eignen sich Szenen und Geschichten aus der Vorstellungs- oder der Alltagswelt von Kindern. So kann ein Besuch im Zoo der Anlaß sein, Tiergestalten nachzuahmen, ihre Bewegungsformen zu übernehmen. Musik kann dabei die Phantasie und Vorstellung anregen, sie sollte jedoch erst dann hinzugenommen werden, wenn die Kinder mit der Spielidee selbst eine Zeitlang frei experimentiert haben. Musik kann das Nachahmen der Tiere durch rhythmische Impulse unterstützen und begleiten; sie kann jedoch auch eine zu starke Steuerung übernehmen und die Kinder in ihrer individuellen Ausdrucksfähigkeit einengen.

Geeignet sind z. B. folgende *Schallplatten* bzw. *Musikkassetten:*

W. Huyer-May: Kunterbunte Kinderlieder
(z. B. „Das Nilpferd")
R. Krenzer / L. Edelkötter: Hast Du etwas Zeit für mich
(z. B. „Ich wollt', ich wär ein Pinguin" und „Schmetterlinge")
Fredrik Vahle: Wem gibt der Elefant die Hand?

Oft entwickeln sich Ideen zum Darstellen und Übernehmen verschiedener Rollen auch im freien Spiel der Kinder; die Erzieherin braucht sie nur aufzugreifen, zu ergänzen oder zu erweitern.

Hierzu einige *Beispiele:*

• Die Kinder spielen häufig Pferdchen, einige von ihnen haben Erfahrungen beim Voltigieren gesammelt und kennen die verschiedenen Fortbewegungsformen der Pferde. Diese Erfahrungen lassen sich in einer gemeinsamen Spielaktion nutzen, indem z. B. über die Gangarten eines Pferdes gesprochen wird und diese dann gemeinsam erprobt werden:

– im „Schritt" gehen
– traben
– galoppieren
– springen

Als Hindernisse dienen den Pferdchen die Tische und Stühle im Gruppenraum. Gelingt es ihnen, sie nicht anzustoßen oder sie zu berühren? Auch die Pferdchen sollten möglichst nicht zusammenstoßen.

- *Pferdchen und Dompteur*
Jeder hat einen Partner, der den Reitlehrer oder den Dompteur spielt. Er sagt dem Pferdchen, in welche Richtung es gehen und welche Gangart es einnehmen soll.
Nach kurzer Zeit werden die Rollen gewechselt. Der Dompteur oder Reitlehrer sollte bei dem Spiel immer in der Nähe seines Pferdchens bleiben.
In einem großen, ausgeräumten Raum können die Pferdchen auch alle an einer Longe gehen. Sie stehen im Kreis um ein Kind, das den Reitlehrer oder Dompteur spielt. Es gibt den Pferdchen die Richtung (rechtsherum, linksherum) oder die Gangart (Schritt, Trab, Galopp) an.

Einen guten Einstieg bieten auch Bewegungsgeschichten, in denen eine spannende Handlung von den Kindern nach- bzw. während des Erzählens mitgespielt wird.

Sie bieten die Möglichkeit, kurzfristig verschiedene Rollen einzunehmen, sie zu wechseln und so mit Ausdrucksmöglichkeiten zu experimentieren.

Im folgenden sollen Spielideen zu verschiedenen Themen des Darstellens und „Sich-Ausdrückens" vorgestellt werden. Sie reichen vom Zirkusspiel, das sehr vielseitige Darstellungs- und Bewegungsformen umfaßt, über Phantasiereisen, die das Ausdrücken von Gefühlen und Stimmungen zum Thema haben, bis zum Messen der eigenen Kräfte im Ringkampf mit einem Partner.

▶ Zirkus

Viele Kinder waren schon einmal in einer Zirkusvorstellung und können erzählen, was sie dort gesehen haben. Besonderes Interesse finden meistens die Clowns, die Akrobaten, der Zauberer und manche Tier-„Nummern".
Aus diesen Gesprächen kann sich ein Zirkusspiel entwickeln. Meist entstehen auf Anhieb eine Menge Ideen, nicht alle sind realisierbar, weil z. B. die Geräte (Trapez) fehlen.

In der Gruppe wird zunächst sondiert, was sich im Spiel darstellen läßt und welche Geräte und Requisiten hierfür benötigt werden. Kinder haben Spaß am Verkleiden, für jede „Nummer" wird ihre Kleidung anders zusammengestellt und aus der Verkleidungskiste ergänzt. Gemeinsam können dann einige Übungsstationen für die Zirkusnummern aufgebaut werden:

- *Seiltanzen*

Auf dem Boden wird ein Tau ausgelegt, das ein Drahtseil darstellen soll. Zum Balancieren auf dem Seil benötigt man eine lange Stange (Stab, Besenstiel oder Schirm), auf dem Seil können aber auch Kunststücke wie Sprünge, Rollen und dergleichen ausprobiert werden.

- *Jonglieren*

Für die Jonglierposition werden verschiedene Materialien zusammengetragen: Chiffontücher, von denen 2 oder sogar 3 nacheinander hochgeworfen und wieder aufgefangen werden können (vgl. S. 58).
Geeignet sind auch Reifen, die man um den Arm oder um die Taille (Hula-Hopp) kreisen lassen kann.
Beim Jonglieren stellen die Kinder meist als erstes fest, wie schwierig es ist, das so einfach scheinende Spiel mit mehreren Objekten nachzuahmen. Um ihnen den Mut nicht zu nehmen, bietet es sich an, anstelle von Bällen langsamere Materialien wie z. B. die Tücher vorzuziehen.

- *Gewichtheben*

Auf die Enden eines Stabes wird jeweils 1 Schaumstoffkugel gesteckt. Die „Gewichtheber" probieren aus, wie sie die „Hantel" hochstemmen können: In die knie gehen, mit zusammengebissenen Zähnen die Stange anheben, sie mit äußerster Kraftanstrengung nach oben strecken usw.

- *Schlangenbeschwörer*

Ein Kind liegt zusammengekauert am Boden, es spielt die Schlange, die sich auf das Singen, Flöten oder Pfeifen eines „Schlangenbeschwörers" hin langsam in Bewegung versetzt. Zuerst schlängelt sie sich nur über den Boden, dann erhebt sie sich und tanzt auf den Knien weiter.

- *Bodenakrobaten*

Auf einer Bodenturnmatte können Kunststücke gezeigt werden: Rollen und Purzelbäume, Sprünge und Standwaagen, vielleicht sogar ein Rad.

● *Löwe im Feuerreifen*
Zwischen 2 Bodenturnmatten wird ein Reifen eingeklemmt. Dressierte Löwen kriechen und steigen durch den Reifen, vielleicht wagt sogar einer, durch den Reifen auf die Matte zu rollen.

● *Elefantendressur*
Mehrere Elefanten werden von ihrem Dompteur herumgeführt, sie können auf Befehl die Rüssel, ein Bein heben oder sich auf die Hinterbeine stellen.

● *Clowns*
Eine der beliebtesten, wenn auch der schwierigsten „Nummern" stellen die Clowns dar. Hier ist das Kostüm das zunächst Wichtigste: Erwachsenen-Schuhe, über die der Clown immer wieder stolpert, ein langes T-Shirt, unter das mehrere Luftballons gesteckt werden, ein Hut und Schminke usw.
Gemeinsam muß dann besprochen werden, was das Lustige am Clown ist: seine tolpatschigen Bewegungen, sein Aussehen, seine Sprache? (Abb. 29)

Abb. 29

Sicherlich finden die Kinder noch eine Reihe weiterer Zirkusszenen. Manche sind dabei als Gerätestationen aufgebaut, an denen jeweils einzelne Kinder je nach Interesse üben können (Seiltanzen, Jonglieren, Gewichtheben, Feuerreifen), andere dagegen sind auf das Spiel miteinander angewiesen; so braucht die Schlange einen Schlangenbeschwörer, und die Elefantendressur muß in der Gruppe abgesprochen und möglichst gemeinsam geübt werden.

Auch Musik kann zum Herstellen einer Zirkusatmosphäre beitragen. Als *Hintergrundmusik* eignet sich z. B. die Schallplatte Circus (von FLAIRCK, in: Tanzen, Bewegen, Darstellen); direkte Aufforderungen zu Zirkusszenen vermittelt das Stück „Hereinspaziert" von der Kassette „Hast du etwas Zeit für mich" von R. KRENZER.

Aus diesem meist über einen längeren Zeitraum hinweg inszenierten Zirkusspiel kann sich auch der Wunsch nach einer Vorstellung (vor den anderen Kindergartengruppen oder sogar vor den Eltern) entwickeln.

Wenn diese – für Kinder meist faszinierende – Idee realisiert werden soll, müssen über das Spielen und Üben einzelner Zirkusnummern hinaus weitere Rollen festgelegt und äußere Dinge bedacht werden, zum Beispiel:

Ein Kind oder die Erzieherin kann den Zirkusdirektor, der jede Gruppe ansagt, spielen. Jede Nummer kann musikalisch begleitet werden. Trommelwirbel leitet die Höhepunkte ein und erhöht die Spannung. Requisiten und Kostüme werden festgelegt, und vielleicht findet sich auch ein Name für den Zirkus (z. B. *Zirkus Zappelini, Zirkus Faxelino*).

Die Vorbereitung einer solchen Vorstellung sollte nur soviel Zeit in Anspruch nehmen, wie es für die Kinder interessant und reizvoll bleibt. Keinesfalls darf Perfektion und reibungslose Organisation angestrebt werden. Sie ist bei Kindergartenkindern ohnehin nicht zu erreichen und stört auch das spontane, meist improvisierte und deswegen auch jedesmal wieder etwas anders ausfallende Spiel der Kinder.

- **„Ich habe eine Wut im Bauch"**

Dem Spiel voran geht ein Gespräch: Wie bin ich, wenn ich wütend und ärgerlich bin? Bricht die Wut aus mir heraus, oder werde ich still und ziehe mich zurück? Das Thema kann auch durchgespielt werden:

Zu dem Satz „Ich hab' so eine Wut im Bauch!" findet jedes Kind eine Geste oder eine Bewegung. Es stampft z. B. mit dem Fuß auf den Boden oder ballt die Fäuste. Diese Bewegung soll mal ganz leise, mal ganz laut ausgeführt werden, mal eng am Platz, mal weit in den Raum hinein.
Das Spiel mit der Wut kann auch als Gruppenspiel ausprobiert werden (vgl. WEISS 1984, 156):
4 bis 6 Kinder stehen im Kreis. Einer sagt: „Ich hab' so eine Wut im Bauch!" und zeigt dazu eine Geste. Der nächste wiederholt den Satz und ahmt dazu die Bewegung seines Vorgängers nach, dann zeigt er dazu seine Geste. Der 3. wiederholt die beiden vorhergehenden Bewegungen und setzt die eigene daran usw. Alle versuchen, möglichst die Reihenfolge beizubehalten.

Vom Umgang mit dem Ausdrücken von *Gefühlen und Stimmungen* handelt auch das folgende Spiel:

- **Die Reise ins Land der Freude, – der Wut, – des Trotzes ...**

Die Erzieherin erzählt: „Wir machen eine Reise in ein geheimnisvolles Land. Die Menschen, die in diesem Land wohnen, sind sehr lustig, sie freuen sich den ganzen Tag über die Sonne, die dort oft scheint, über den Regen, unter dem sie sich duschen. Alle Besucher, die in dieses Land kommen, werden von der Freude angesteckt. Auch sie werden lustig und hüpfen vor Freude umher.
Wir wollen eine Reise in das Land der Freude machen, es ist weit entfernt, deswegen müssen wir mit dem Zug dorthin fahren ..."
Die Kinder bilden eine lange Reihe, finden Bewegungen und Geräusche, die einen Zug darstellen, und kommen nach einigen Runden im Raum im Land der Freude an. Als sie aus dem Zug steigen, spielt jeder, wie er von der Freude angesteckt wird, jedes Kind drückt die Freude in der ihm eigenen Art aus.
Am Abend fallen alle müde in ihre Betten (Matten oder Teppichfliesen, die im Raum verteilt auf dem Boden liegen) und ruhen sich von dem anstrengenden Tag aus.
Am nächsten Morgen wollen sie ein neues, ebenso unbekanntes Land besuchen: Das Land des Trotzes. Hier wohnen vor allem Kinder, die immer das Gegenteil von dem tun möchten, was ihre Eltern wollen. Man sieht daher überall Kinder, die sich auf

den Boden werfen und schreien: „Das will ich nicht" oder ihren Trotz auf andere Art zeigen.
Es gibt außerdem noch andere geheimnisvolle Länder:
– das Land der Langeweile, der Albernheit, der Traurigkeit, der Wut usw.
Manche Länder sind so weit entfernt, daß man ein Flugzeug benutzen muß, um hinzukommen; andere dagegen kann man mit dem Fahrrad oder dem Autobus erreichen.

Das Thema kann beliebig von Kindern und der Erzieherin erweitert werden; als sinnvoll erwiesen hat sich dabei die Dreiteilung
– gemeinsame *Fortbewegungsform,* die für alle gleich ist (Fahrt ins nächste Land),
– individuell gestalteter *Bewegungsausdruck*
(Besuch des geheimnisvollen Landes),
– *Entspannungsphase*
(Ausruhen nach dem anstrengenden Tag).

Diese Spielidee kann zu einem späteren Zeitpunkt weitergeführt werden:

● Die Hüpf-, Lach-, Rutschstraße

Diesesmal besuchen wir in dem geheimnisvollen Land eine ebenso geheimnisvolle Stadt, in der es ganz seltsame Straßennamen gibt: Die Hüpfstraße, die Kitzelstraße, die Rutschstraße, die Streichelstraße, die Po-Klatsch-Straße, die Heulstraße oder die Hampelmann-Straße. Wenn man sich in dieser Straße befindet, muß man das machen, was der Straßenname angibt. Manchmal sind die Straßen lang, manchmal sind sie ganz kurz, so daß das Kitzeln, Hüpfen, Rutschen immer wieder von einer anderen Sache abgelöst wird. (Abb. 30)

▶ Kampf- und Kraftspiele

Auch Wut und Aggression können zum Thema eines Bewegungsspiels werden.

So kann ein Ringkampf zwischen zwei sich streitenden Kindern auf einer Matte dazu beitragen, den Streit untereinander zu schlichten. Der Streit wird ausgetragen, nicht abgebrochen oder einfach verboten. Letzteres führt oft dazu, daß Wut und Aggressionen weiter bestehen bleiben, daß sie häufig zu zerstö-

Spiele zum Darstellen und Sichausdrücken

Abb. 30

rerischem Verhalten führen: Ein Spielzeug wird weggeschleudert, ein jüngeres Kind attackiert.

Der Grund liegt meist in der Verletzung des Selbstwertgefühls eines Kindes, in der Mißachtung seiner Wünsche, in dem Gefühl, zurückgesetzt zu sein. Das Kind wehrt sich mit den ihm zur Verfügung stehenden Mitteln. Antriebsstärkere Kinder reagieren mit Aggressionen und mit körperlichen Auseinandersetzungen, antriebsärmere dagegen ziehen sich zurück.

Ein Spiel zum Thema „*Kämpfen*", *Sich wehren*" kann beiden Gruppen von Kindern helfen, mit dem Gefühl der Wut und Ohnmacht fertig zu werden. Allerdings müssen Regeln vereinbart werden, die die Kinder vor Verletzungen schützen, dem Schwächeren die Möglichkeit des jederzeitigen Abbruchs geben.

Kämpfen ist hier keine Bedrohung oder Gefahr, sondern unterliegt vereinbarten Regeln, über deren Einhaltung die Erzieherin und auch die anderen Kinder wachen.

Wichtig sind auch die „*Ring-Rituale*": Z. B. Begrüßungs- und Verabschiedungszeremonien, Schiedsgerichte und Matten als Ortsbegrenzung. Damit wird die Friedfertigkeit des Wettstreites unterstrichen und der Charakter des freiwilligen Spiels betont.

Ringen und Sich-Balgen muß übrigens nicht immer Ausdruck von Aggression und körperlichem Angriff sein, es kann auch eine Form lustvollen, spielerischen Körperkontaktes sein, ein sich Necken, das Spielen mit den Körperkräften. Dieses Balgen und Rangeln vermittelt eine spezifische Form von Sinnlichkeit; es trägt zu lustvollen Körpererfahrungen bei, sättigt das Bedürfnis nach Kraftverausgabung und Anstrengung, es erschöpft und macht damit auch Erholung genießbar (vgl. FUNKE 1988).

In dieser Form wird es jedoch nur von den Kindern empfunden, die es auch von selbst wollen. Niemals sollte die Erzieherin daher das Ringen verpflichtend machen. Nur wer gerne möchte, geht mit einem – selbst ausgesuchten – Partner auf die Matte. Auch derjenige, der „nur" zuschaut, ist meist indirekt am Spiel beteiligt; an der Mimik der Zuschauer kann man oft erkennen, wie intensiv sie die Spielphasen miterleben.

● Ringspiele ohne direkten Körperkontakt

Diese Spiele beinhalten zwar das Messen von Kraft und Geschicklichkeit, schließen jedoch den direkten Körperkontakt aus.
Hierzu gehören z. B. Tauziehen zu zweit oder Luftballonkämpfe, bei denen jedes Kind einen Luftballon hat und damit den Ballon des anderen „verhauen" kann. (Abb. 31)

Abb. 31

● **Ringspiele auf dem Boden**

Hier ist die direkte, nahe körperliche Auseinandersetzung gestattet. Folgende Regeln können vereinbart werden:

– Beide Partner knien auf der Matte. Der Partner soll in Rückenlage auf die Matte gebracht werden.
– Aus dem Kniestand gegenüber soll der Partner dazu gezwungen werden, mit den Schultern den Boden zu berühren.
– Beide Partner sitzen Rücken an Rücken, haben die Arme eingehakt und versuchen, sich gegenseitig zur Seite zu drücken, so daß der andere mit der Schulter die Matte berührt.

Um dem Kind die Möglichkeit des jederzeitigen Spielabbruchs zu geben, kann die „Stop-Regel" hilfreich sein. Ruft ein Spielpartner „Stop", muß der andere ihn sofort loslassen.

5.6 Spiele zur Entwicklung der Sinne

Das Kind lernt mit seinem ganzen Körper, mit allen seinen Sinnen. Gerade *sinnliche Erfahrungen* stellen die Grundlage kindlichen Handelns dar; sie sind als wesentliche Erkenntnisquellen zur Aufnahme und Verarbeitung von Umwelteindrücken anzusehen. Die sinnliche Wahrnehmung stellt für Kinder den Zugang zur Welt dar. Sie ist die Wurzel jeder Erfahrung, durch die sie die Welt für sich jeweils neu wieder aufbauen und verstehen können (Zimmer 1995).

Das Kind, das zur Erfassung seiner alltäglichen Welt des Einsatzes möglichst vieler seiner Sinne bedarf, wird heute oft mit einer Überflutung von Reizen konfrontiert, wobei die optischen Reize die absolute Vorherrschaft haben (vgl. Kap. 2).

In seinem Bedürfnis nach ganzheitlichem Erfassen, nach körperlich-sinnlicher Aneignung wird es immer mehr eingeschränkt. An die Stelle unmittelbarer sinnlicher Erfahrung tritt für viele Kinder die Fernsehinformation. Informationen aus dem Fernsehen sind jedoch nicht greifbar, nachvollziehbar; sie entsprechen nicht der ganzheitlichen Wahrnehmungsstruktur der Kinder. Für jüngere Kinder existiert nur das, was sie mit ihren Sinnen aufnehmen können. Einen unbekannten Gegenstand betasten sie, sie riechen an ihm; Kleinkinder nehmen ihn in den Mund, um ihn besser kennenzulernen. (Der Mund ist das erste Greiforgan.)

Ein gut ausgebildetes Wahrnehmungssystem ist wichtig, um Eindrücke aus der Umwelt aufzunehmen und zu verarbeiten. Zwar funktionieren bereits bei der Geburt alle Sinnesorgane des Kindes, die Fähigkeit zur differenzierten Wahrnehmung entwickelt sich jedoch erst im Laufe der ersten Lebensjahre. Schon das Neugeborene reagiert auf sensorische Reize – ohne daß es die Reizquelle selbst erkennen und erfassen kann.

Alle Wahrnehmungsprozesse zeigen eine bemerkenswerte *Plastizität,* dies macht die Wahrnehmung auch in einem gewissen Maße trainierbar.

Im Laufe der Zeit lernt ein Kind, aus der Fülle der Sinnesreize, die auf es einströmen, diejenigen auszuwählen, die wichtig sind, und von den unwichtigen abzusehen. So gelingt es ihm, trotz lauter Geräusche in seiner unmittelbaren Umgebung konzentriert der Stimme der Erzieherin zu lauschen, die ihm eine Geschichte erzählt. Nicht bei allen Kindern funktioniert dieser

Vorgang; gerade unkonzentrierte, hyperaktive Kinder lassen sich durch alles, was um sie herum passiert, leicht ablenken.

> Die sinnlichen Eindrücke müssen sortiert, geordnet und verarbeitet werden. Sinnliche Erfahrungen in der richtigen Weise miteinander zu verbinden, ist eine wichtige Voraussetzung für jede Art von Lernen. Diesen Vorgang bezeichnet man auch als „Integration der Sinne".

Die Wahrnehmungen und Empfindungen werden so geordnet, daß sie in der konkreten Situation gebraucht werden können. Zwar ist jedes Kind mit einer Grundfähigkeit zur *sensorischen Integration* von Geburt an ausgestattet, es muß sie jedoch in der ständigen Auseinandersetzung mit den Dingen und Gegebenheiten seiner Umwelt weiterentwickeln und seinen Körper und sein Gehirn an viele Anforderungen anpassen (AYRES 1984). Nur auf diese Weise ist die Weiterentwicklung der Gehirnfunktionen möglich. Die Verbindung der Sinnesorgane, des Gehirns und der bewegungsauslösenden Organe (Muskeln) erfolgt über das zentrale Nervensystem.

Das kindliche *Spiel* ist als Übung der Wahrnehmungsfunktionen zu verstehen. Auch eine dem Erwachsenen zunächst nur als „einfaches Spielen" erscheinende Betätigung des Kindes besteht danach aus zahllosen Anpassungsreaktionen. Sie bilden die Grundlage für ein geordnetes Aufnehmen und Verarbeiten sinnlicher Erfahrungen, die das Kind auch bei späteren komplexeren Tätigkeiten und Handlungen – wie z. B. Lesenlernen und Schreiben – benötigt.

Die Wahrnehmung erfolgt über verschiedene Sinnesorgane: Augen, Ohren, Nase, Zunge, Haut, dem Gleichgewichtsorgan und den Propriozeptoren (Reizaufnahmeorgane für Muskelspannung und -bewegung).

Den Sinnesorganen entsprechen folgende *Wahrnehmungssysteme:*

- der Sehsinn (visuelle Wahrnehmung)
- der Hörsinn (auditive Wahrnehmung)
- der Tastsinn (taktile Wahrnehmung)
- der Geruchssinn
- der Geschmackssinn

- der Gleichgewichtssinn (vestibuläre Wahrnehmung)
- die Bewegungsempfindung (kinästhetische Wahrnehmung)

Eine möglichst vielseitige Übung der sinnlichen Wahrnehmung stellt die Grundlage der kindlichen Persönlichkeitsentwicklung dar. Dabei sind Wahrnehmung und Bewegung unmittelbar miteinander verbunden.

> Motorische Aktionen und Sinneseindrücke sind als funktionelle Einheit zu verstehen. Das Zusammenspiel verschiedener Sinnesorgane ist auch für das Bewegungslernen von besonderer Bedeutung.

Im folgenden wird daher eine Auswahl an Spielsituationen und -vorschlägen gegeben, die die Förderung sinnlicher Wahrnehmungsprozesse mit einfachen Mitteln auch im Kindergartenalltag ermöglicht. Die meisten Spielangebote können im Gruppenraum realisiert werden; manche eignen sich für die „Stuhlkreisrunde", andere beinhalten Spielideen, die auch im Freispiel der Kinder gut angenommen werden.

a) Spielideen zur Förderung der visuellen Wahrnehmung

Über die Augen wird der größte Teil der Informationen aufgenommen. Wichtige Merkmale zur Unterscheidung von Objekten sind deren Farben, Form oder Größe. Im Kindergartenalter scheinen Kinder der Farbwahrnehmung den Vorzug zu geben, Größen- und Formwahrnehmungen kommen erst später hinzu.

Gut geeignet für Farbwahrnehmungsspiele sind Tücher in den Grundfarben rot, blau, gelb und grün.

Beispiele:

Jedes Kind erhält ein Tuch. Alle laufen durch den Raum, lassen ihr Tuch flattern oder binden es sich um den Körper. Auf ein Zeichen (Klatschen, Tamburinschlag o. ä.):
- sucht sich jeder einen Partner, der ein Tuch in der gleichen Farbe besitzt;
- kommen alle die Kinder zusammen, die Tücher in der gleichen Farbe haben;
- sollen Gruppen gebildet werden, in denen alle Farben mindestens einmal vorhanden sind.

- *Ampelspiel*
Die Kinder spielen Autos, jeder hat einen Tennisring (oder einen Reifen), den er als Lenkrad benutzt.
Die Erzieherin stellt den Verkehrspolizisten dar, der anhand von 3 Farbsignalen (Karten oder Tücher in den Farben rot, gelb und grün) angibt, ob die Autofahrer stoppen oder weiterfahren können. Bei gelb dürfen alle auf der Stelle treten (Leerlauf). Die Rolle des Polizisten kann auch von einem Kind übernommen werden.

- *„Schatzsuche"*
Jedes Kind hat eine Teppichfliese oder einen Reifen in einer bestimmten Farbe. Dieses Gerät stellt eine Schatztruhe dar, in die jedoch nur Gegenstände (z. B. Spielgeräte aus dem Gruppenraum) der gleichen Farbe gesammelt werden dürfen. Jedes Kind darf nun auf Schatzsuche gehen und Sachen seiner Farbe in die Schatztruhe bringen.
Eventuell kann das Spiel auch mit Zeitbegrenzung durchgeführt werden: Die Erzieherin schließt die Augen und zählt dabei bis 10. Bis dahin darf jedes Kind so viele Schätze wie möglich sammeln.

- *„Wer fehlt?"*
Alle Kinder sitzen im Kreis auf dem Boden. In der Mitte liegt eine Decke. Während alle die Augen schließen, versteckt sich ein Kind unter der Decke. Die Erzieherin gibt den anderen Kindern ein Zeichen, wann sie die Augen öffnen und erkennen sollen, wer aus dem Kreis fehlt und unter der Decke steckt.

b) Spielideen zur Förderung der auditiven Wahrnehmung

Erst wenn das Sehen ausgeschaltet ist, wird das Hören intensiviert. Zur Förderung der auditiven Wahrnehmung sollten also die Augen geschlossen werden. Bei manchen Aufgaben ist es sinnvoll, den Kindern ein Tuch über den Kopf zu legen, wenn sie sich die Augen nicht verbinden lassen wollen.

- *Geräusche erkennen*
Auf einen Tisch werden verschiedene Gegenstände gelegt, mit denen man Geräusche erzeugen kann:
Ein Schlüsselbund, einen Teller mit Löffel, 2 Topfdeckel, die aneinandergeschlagen werden können, ein Stück Zeitungspapier zum Zusammenknüllen, ein Buch zum Blättern, eine Fahrrad-

luftpumpe usw. Die Kinder schauen sich die Gegenstände an und benennen sie, während die Erzieherin ihnen die Geräusche vorführt. Anschließend schließen sie die Augen und drehen der Erzieherin den Rücken zu. Diese macht nun mit einem Gegenstand ein Geräusch, das die Kinder erkennen sollen. Erst wenn die Gruppe sich geeinigt hat, um welchen Gegenstand es sich handelt, drehen sie sich um und überprüfen, ob ihre Lösung stimmt.

Hinweis:
Das Schließen der Augen ist wichtig für die Konzentration auf das Geräusch, für die Aufmerksamkeitssteuerung und Sensibilisierung der auditiven Wahrnehmung.
Das Abwenden von der Erzieherin sollte dazu dienen, daß die Kinder nicht blinzeln oder zufällig die Augen öffnen und sich und der Gruppe damit die Spannung am Spiel nehmen. Sollte diese Organisationsform den Kindern jedoch Schwierigkeiten bereiten, kann die Erzieherin die Geräusche auch hinter einem Sichtschutz erzeugen (ein aufrechtstehender Karton, ein Regal, hinter dem sie sitzt usw.). Auch wenn sich die Kinder ihr nun zudrehen können, sollten sie doch versuchen, mit geschlossenen Augen zu hören.
Evtl. kann die Erzieherin mit den Kindern auch einmal ein Experiment machen: Wann hört man besser, mit geöffneten oder geschlossenen Augen?

Spielvariation
Das Kind, das als erstes das Geräusch richtig erkannt hat, darf als nächstes ein neues Geräusch machen. (Hierbei besteht allerdings die Gefahr, daß einige Kinder mehrmals hintereinander an die Reihe kommen, weil sie besonders schnell die Lösung finden. In einem solchen Fall kann man die Regel einführen: Wer bereits einmal als erster dran war, kann nicht noch einmal das Geräusch machen.)

- „Obstsalat"

In diesem Spiel wird die akustische Differenzierungsfähigkeit, das Reaktions- und Konzentrationsvermögen der Kinder angesprochen. Es ist gut im Stuhlkreis durchzuführen. Jedes Kind bekommt den Namen einer Obstsorte zugeteilt: Banane, Apfel, Birne usw.
Jede Obstsorte ist mindestens zweimal vorhanden. Hat sich jeder seine Obstsorte gemerkt?
Die Erzieherin ruft eine Obstsorte auf, die entsprechenden Kinder tauschen untereinander die Plätze.

Variation als Fangspiel
Jeweils 3 bis 4 Kinder wird die gleiche Obstsorte zugeordnet. Ein Kind steht in der Mitte und ruft einen Obstnamen auf. Die dazugehörigen Kinder tauschen schnell ihre Plätze, während das Kind in der Mitte versucht, auf einen der freiwerdenden Plätze zu gelangen. Gelingt ihm dies, so übernimmt das Kind, das den besetzten Platz einnehmen sollte, den Platz in der Mitte.

- *„Blindenhund"*
„Asta" ist ein Blindenhund, der viele Blinde gleichzeitig führen kann.
Alle Kinder schließen die Augen (oder legen sich ein Tuch, durch das sie nicht hindurchsehen können, über den Kopf). Die Erzieherin flüstert einem Kind zu:
„Du bist ‚Asta'".
Alle anderen wissen nicht, wer „Asta" ist und sollen versuchen, den Blindenhund zu finden.
Begegnen sie einem anderen Kind, fragen sie sich gegenseitig leise: „Bist du ‚Asta'?" Sind sie es beide nicht, gehen sie weiter. Treffen sie wirklich auf „Asta", nimmt dieser sie bei der Hand, bildet mit ihnen eine Reihe, die immer länger wird, bis sich schließlich alle Kinder in dieser Kette befinden.

Hinweise:
Bei dem Spiel sollte darauf geachtet werden, daß bis auf die *leise* gestellte Frage „Bist du ‚Asta'?" möglichst wenig gesprochen bzw. Lärm gemacht wird.
Es ist aufgrund seiner hohen Anforderungen an die Konzentration vorwiegend für die älteren Kinder einer Gruppe geeignet.

c) Spielideen zur Förderung der taktilen Wahrnehmung

Über den Hautsinn nimmt das Kind Temperatur wahr, es ertastet die Beschaffenheit von Material, es lernt, mit den Händen zu „sehen". Auch bei den folgenden Beispielen ist es sinnvoll, die Augen zu schließen oder sie mit einem Tuch zu bedecken.

- *„Krabbelsack"*
In einem Kopfkissenbezug sind mehrere Gegenstände versteckt, die über das Ertasten gut erkannt werden können (z. B. Plastikteller, Haarbürste, Tennisball usw.).

Jedes Kind darf in den „Sack" greifen und einen Gegenstand – bevor es ihn herausholt – beschreiben bzw. benennen.

Variation
Von jedem Gegenstand befinden sich 2 Exemplare in dem Sack. Wer hineingreift, muß zuerst beide Gegenstände finden, bevor er sie beide herausholen darf. (Da das Spiel u. U. lange dauern kann, sollte es nur in Kleingruppen durchgeführt werden.)

● *Spiele mit einer Bleischnur*
(Stücke von Gardinenbändern in unterschiedlichen Längen)
Mit der Bleischnur sollen verschiedene Formen auf den Boden gelegt werden (Abb. 32):

– eine Straße, die viele Kurven, aber auch gerade Strecken hat.
– ein Kreis,
– eine Eistüte,
– ein Haus (Viereck mit Dach) etc. ...

Für diese Aufgabe können auch Seile verwendet werden, die Bleischnüre sind jedoch auf dem Boden besser formbar, mit ihnen können auch spitze Ecken gelegt werden.

● *„Spuren ertasten"*
Zwei Gegenstände (Tennisring, Sandsäckchen o. ä.) werden in einiger Entfernung zueinander auf den Boden gelegt. Zwischen ihnen befindet sich eine Bleischnur, die einem „blinden" Kind den Weg von einem Gegenstand zum anderen zeigen soll.
Zu dieser Aufgabe kann die Erzieherin auch eine Geschichte erzählen, zum Beispiel:
„Ein Kind kommt in eine fremde Stadt. Damit es sich nicht verläuft, nimmt es beim 1. Spaziergang ein langes Band mit, das es an seiner Haustür befestigt. Das Band zeigt ihm von jedem Ort den Weg nach Hause zurück. So kann es den Weg auch finden, wenn es die Augen geschlossen hat."

d) Spiele mit dem Gleichgewicht (vestibuläre Wahrnehmung)

Der Gleichgewichtssinn wird bei vielen kindlichen Spiel- und Bewegungsaktionen beansprucht. Im Normalfall erfolgen die Körperreaktionen zur Aufrechterhaltung des Gleichgewichts,

Abb. 32

wenn es durch verringerte Unterstützungsflächen (Balancierbalken, Bordsteinkanten, liegende Baumstämme u. ä.) ins Wanken gebracht worden ist, automatisiert.

Zur Verbesserung und Erhaltung der Aufricht- und Gleichgewichtsreaktionen ist jedoch das häufige Üben und das sich Erproben in „*Ungleichgewichtssituationen*" erforderlich. Da das Ausbalancieren des Körpers während der Bewegungsausführung ein sowohl hinsichtlich der Wahrnehmung als auch der Koordination komplexer Vorgang ist und einen wesentlichen Anteil an der Bewegungssicherheit eines Kindes hat, sollte dieser Wahrnehmungsbereich in vielen Spielen besonders geübt werden (vgl. ZIMMER/CICURS 1987, 127 f.).

Auch viele der in diesem Buch aufgeführten Spiele mit Alltagsmaterialien usw. beinhalten Anforderungen an das Gleichgewicht, ebenso sind die psychomotorischen Geräte (Pedalo, Kreisel, Rollbrett) für die Gleichgewichtserprobung in verschiedenen Körperlagen einzusetzen.

Hier einige weitere *Spielideen:*

- *„Inselspringen"*

„Wir wollen eine matschige Straße überqueren und benötigen dafür kleine Inseln, auf die wir uns mit wenigstens einem Fuß stellen können". So können verschiedene „Inseln" (Sandsäckchen, Bierdeckel, Holzbrettchen, umgedrehte größere Konservendosen, kleine Kästen usw.) auf der „Straße" verteilt werden. (Hierzu kann der ganze Raum verwendet werden, oder es wird mit einigen Seilen eine richtige Straße abgetrennt.) (Abb. 33) Je kleiner die Inseln sind, um so näher müssen sie zusammenliegen; größere Inseln kann man auch mit einem Sprung erreichen.

- *„Musikalische Geister"*

„Wir stellen Geister und Gespenster dar, die sich nur dann, wenn Musik erklingt, bewegen können." Sobald die Musik aufhört, stehen sie wie versteinert und können nicht einmal mehr von einem Fuß auf den anderen treten. Setzt die Musik jedoch ein, nutzen sie kurze Zeit ihre Beweglichkeit aus und tollen wild umher.
Die Erzieherin kann hierzu eine Schallplatte mit rhythmischer Musik verwenden. Sie kann jedoch auch auf einem Instrument spielen oder eine Melodie summen. Wichtig ist, daß der Übergang zum „Stillstehen" plötzlich und unerwartet kommt, so daß die Kinder aus der Bewegung heraus zum Gleichgewicht finden müssen.

- *„Blindenführer"*

Im Raum werden verschiedene Gerätestationen aufgebaut, die die Gleichgewichtserhaltung ansprechen: Ein Ziehtau wird zum Balancieren auf den Boden gelegt, mehrere Stühle stellen hintereinander aufgestellt eine Brücke mit Geländer dar, mehrere Sandsäckchen werden zu einem Hügel aufeinandergetürmt; auf die Sitzflächen von zwei auseinanderstehenden Stühlen wird ein Brett gelegt usw. Die Kinder probieren zunächst die einzelnen Stationen aus und versuchen, sich auf ihnen im Gleichgewicht zu halten.
Später soll ein Kind mit geschlossenen Augen von einem anderen Kind über die einzelnen Stationen geführt werden. Der „Blindenführer" faßt seinen Partner hierbei am Arm und begleitet ihn ganz vorsichtig und behutsam.

Abb. 33

Das vestibuläre Wahrnehmungssystem wird auch bei Schaukel- und Drehbewegungen angesprochen. Es handelt sich hier um elementare Wahrnehmungserfahrungen, die das Kind von seiner Geburt an kennt (getragen werden, in einer Wiege geschaukelt werden) und die es auch später noch mit Vorliebe genießt (siehe hierzu auch Spielvorschläge mit dem Rollbrett).

e) Kinästhetische Wahrnehmung – Bewegungsempfindung

Die kinästhetische Wahrnehmung, die auch vereinfacht als „Muskelsinn" oder als „Bewegungsgefühl" bezeichnet wird, gibt Informationen über die Muskelspannung, über die Stellung der Gelenke zum Körper, über die Ausdehnung und die Grenzen des Körpers. Damit werden über diese Wahrnehmungssysteme auch Erfahrungen über den eigenen Körper vermittelt.

Die Phantasie bewegen – Bewegung mit Phantasie 108

Abb. 34

- *„Muskelmessen"*
Zwei Kinder sitzen sich am Tisch gegenüber. Sie stützen je einen Ellbogen auf und halten sich an den Händen. Jedes Kind versucht nun, die Hand seines Partners auf den Tisch zu drükken.

- *Denkmal bauen*
Ein Partner soll den Körper des anderen, ohne daß dieser aktiv wird, behutsam in eine bestimmte Stellung bringen.
„Könnt ihr auf diese Weise ein Denkmal mit eurem Partner errichten?" Der Partner muß einen z. B. angehobenen Arm in dieser Position halten, darf die Stellung seines Körpers aber möglichst wenig selbst verändern.

Variation:
Zwei Kinder bilden aus einem Dritten ein Denkmal, das anschließend mit einem Bettuch verhüllt wird.
Alle anderen Kinder versammeln sich nun um das verdeckte Denkmal herum und versuchen zu erkennen, in welcher Position es steht. Sie ahmen die Pose nach, und nach dem Enthüllen der Figur kann überprüft werden, wer dem richtigen Denkmal am ähnlichsten ist.
Bei mehreren Kleingruppen kann die Figur auch abgetastet werden. (Abb. 34)

- *„Aufzug"*
Jeweils zwei Kinder sitzen Rücken an Rücken auf dem Boden. Sie hocken ihre Beine an und sollen nun gemeinsam aufstehen, ohne sich mit den Händen abzustützen.
Ebenso können sie versuchen, sich aus dem Stand Rücken an Rücken hinzusetzen.

5.7 Spiele ohne Verlierer

„Kleine Spiele" – so werden die Lauf- und Fangspiele, die ohne besonderes Regelwerk auskommen und die zum Teil von Kindern auch selbst organisiert werden können, oft in der Fachliteratur bezeichnet.

Sie werden meist von einer Kindergeneration an die nächste weitergegeben; dabei ist der Kindergarten in vielen Fällen der erste Ort, an denen die Kinder
- Katz und Maus
- Hase und Jäger
- Wer fürchtet sich vorm schwarzen Mann
- Tag und Nacht usw.

kennenlernen. Diese Spiele sind gekennzeichnet durch lockere Gruppierungen (es werden keine Mannschaften benötigt) und unkomplizierte Regeln, in die auch die Drei- und Vierjährigen sich im Laufe vieler Spielwiederholungen einfinden können. Anfangs vielleicht nur als Zuschauer beteiligt, erleben sie in diesen Spielen auch die Möglichkeit einer fast passiven Teilnahme: Mitmachen kann man bei Katz und Maus auch dann, wenn man die Regeln nicht ganz verstanden hat oder wenn die eigene körperliche Leistungsfähigkeit noch nicht dem Vergleich mit anderen standhält.

Grundlegende Themen dieser Spiele sind dabei das

Jagen/Verfolgen	– *Flüchten/Entkommen*
	(Wer hat Angst vorm schwarzen Mann)
Angriff	– *Verteidigung* (Katz und Maus)
Fangen	– *Befreien*
Suchen	– *Verstecken*

Der Ablauf ist oft streng ritualisiert, z. B. ist bei den Frage-Antwort-Spielen *(„Fischer, Fischer wie tief ist das Wasser")* die Wortwahl genau vorgegeben und kann nur in engem Rahmen individuell variiert werden.

Obwohl es nur selten logische Zwänge gibt, sich so streng an diese Rituale zu halten, werden sie von Kindern in einer bestimmten Altersstufe doch als sehr bindend empfunden.

Im Kindergartenalter sind Kinder meist noch gar nicht fähig, von sich aus Regeln zu verändern oder neu zu erfinden. Für sie stellt es oft noch eine sehr hohe Anforderung dar, nach vorgegebenen Regeln spielen zu können, Regeln als gemeinsame Vereinbarung (oder auch unveränderliche Gesetze) anzuerkennen und die eigenen Spielhandlungen ihnen unterzuordnen. Zwar haben viele dieser überlieferten Spiele heute keinen Realitätsbezug mehr (so geht z. B. der „*Schwarze Mann*" auf einen Totentanz im Mittelalter zurück, der der Abwehr von Seuchen galt) und doch werden sie mit unverminderter Begeisterung von Kindern aufgenommen. Nur selten sehen Kinder in der Regel eine formale Vereinbarung; sie bringen die ihnen eigene Phantasie ins Spiel ein, indem sie sich z. B. unter dem Schwarzen Mann eine undefinierbare und damit angstbesetzte Gestalt vorstellen.

Ihr Reiz liegt sicherlich auch darin begründet, daß gerade Lauf- und Fangspiele dem Bewegungsbedürfnis jüngerer Kinder entsprechen. Sie sind meist einfach umsetzbar und können auch auf dem Spielplatz, der Straße oder auf dem Schulhof gespielt werden. Wegen des minimalen Organisationsaufwandes sind sie auch unter einfachsten räumlichen und materiellen Bedingungen durchführbar.

Unter Berücksichtigung des pädagogischen Anspruchs frühkindlicher Erziehung sollten im Kindergarten vor allem solche Spiele bevorzugt werden, die nicht wettkampf- und konkurrenzorientiert sind und anstelle des Gegeneinanders das Miteinander fördern. Das Spielerlebnis sollte für Kinder nicht diskriminierend und entmutigend, sondern befriedigend und in die Spielgemeinschaft integrierend sein. (Abb. 35)

Zwar sind nicht alle Spiele so durchzuführen, daß man auf *einen* Sieger verzichten kann – gerade die traditionellen Kinderspiele enden mit der Herausstellung eines Teilnehmers, der sich allen Angriffen bis zum Schluß entziehen konnte und damit als Sieger gilt –, vermieden werden sollte jedoch auf jeden Fall, daß es bei einem Spiel einen oder wenige Verlierer gibt.

Auch wenn die *Wettspiele* im freien Spiel der Kinder meist einen großen Raum einnehmen, sollten im Rahmen der von der Erzieherin organisierten Bewegungsangebote Spiele unter Zeitdruck („Wer ist der schnellste?") oder Leistungsdruck („Wer wirft am weitesten usw.?") auch aufgrund der ohnehin noch sehr egozentrischen Sichtweise der Kinder (sie sind nicht fähig, einen anderen als den eigenen Standpunkt einzunehmen) möglichst vermieden werden.

Zwar kommentieren einige Kinder selbst jeden Lauf durch den Turnraum mit dem Kommentar „Ich war der erste" oder versehen jedes Fangspiel mit der Frage „War ich der beste?". Doch dies sollte kein Grund dafür sein, die Tendenz zum andauernden Vergleich untereinander durch konkurrenzorientierte Spiele zu unterstützen.

Abb. 35

> Wetteifer und Konkurrenz sollten in der vorschulischen Bewegungserziehung nicht stimuliert und durch die Auswahl der Spiele provoziert werden; da ihr Auftreten jedoch manchmal von den Kindern selbst kommt, wäre es falsch, sie völlig zu unterbinden.

Sie müssen vielmehr als ein Teil der sozialen Entwicklung von Kindern betrachtet werden, als eine der ersten Situationen, in denen sie mit Gewinnen und Verlieren konfrontiert werden. Kinder sollten hier die Chance erhalten, dabei entstehende Gefühle auch verarbeiten zu können.

Wichtig ist vor allem, daß sie lernen, mit Konkurrenzsituationen umzugehen. Auch schwächere Kinder können eine Bekräftigung ihrer Leistungen erfahren, auch sie sollten ihre spezifischen Stärken in ein Spiel einbringen können.

Pädagogisch nicht vertretbar sind die Spiele, bei denen die Spielregel ein endgültiges Ausscheiden (z.B. nach dem Abgeschlagenwerden) vorsieht. Diese Regel trifft meistens dieselben Kinder: Die schwächeren und die langsamen, die es am nötigsten hätten, Gelegenheit zum Üben der für den Spielablauf erforderlichen Bewegungsvoraussetzungen zu haben. Statt dessen werden sie vorzeitig aus dem Spielprozeß ausgeschlossen, während die schnelleren und geschickteren Kinder noch bis zum Spielende die Chance zum Verbessern und Erproben ihrer Fähigkeiten haben.

Ob ein Spiel als geeignet für die Kindergartenarbeit erscheint, kann mit Hilfe folgender *Fragen* beurteilt werden:

- Ist der Spielgedanke mit einfachen Regeln und wenig Fertigkeiten zu realisieren?
- Haben auch leistungsschwächere und jüngere Kinder Erfolgschancen?
- Ist die Diskriminierung der weniger erfolgreichen Mitspieler ausgeschlossen?
- Befriedigt das Spiel die Bedürfnisse der Kinder nach Bewegung, oder zwingt es den Großteil der Mitspieler zur Passivität?
- Ist der Spielgedanke kindgerecht und beinhaltet er neben motorischen Anforderungen vor allem auch Freude und Spaß am Spiel?

Die folgenden Beispiele beziehen sowohl einige wenige traditionelle Bewegungsspiele ein und geben (spielgerechtere und vorstellungsbetontere) Variationen hierzu an als auch Spiele, die unter Berücksichtigung der letztgenannten Aspekte für die Altersstufe der 3- bis 6jährigen entwickelt worden sind.

- *Tiger und Löwen* (Spielgedanke nach „Tag und Nacht")

Die Hälfte der Kinder sind Tiger, die andere Löwen. Beide Gruppen stehen sich in zwei Reihen in der Mitte des Raumes gegenüber.
Ruft die Erzieherin (oder auch ein Kind, das den Spielleiter spielt): „Tiger", versuchen diese, die Löwen zu fangen, bevor sie den hinter ihnen liegenden Rand des Spielfeldes erreicht haben.
Die gefangenen Löwen werden zu Tigern und reihen sich in deren Gruppe ein.

- *„Fischer, Fischer, wie tief ist das Wasser?"*

Auf der einen Raumseite befindet sich ein „Fischer", die Kinder stehen auf der anderen Raumseite.
Sie rufen: „Fischer, Fischer, wie tief ist das Wasser?" Der Fischer antwortet: „2 m tief!" (Zahlen können variiert werden).
Kinder: „Wie kommen wir hinüber?"
Fischer: „Schwimmen!" (hüpfen, fliegen, auf Zehenspitzen, in der Hocke gehen usw.).
Die Kinder versuchen, in der vom Fischer vorgegebenen Art auf die andere Hallenseite zu kommen, ohne von ihm gefangen zu werden. Wer abgeschlagen ist, wird zum Hilfsfischer; er hilft dem Fischer beim nächsten Durchgang, die anderen zu fangen.

- *Wer hat Angst vorm wilden Fuchs?* (Spielgedanke nach „Schwarzer Mann")

Ein Kind ist „Fuchs" und steht auf der einen Hallenseite, die anderen Kinder spielen die Hasen, sie befinden sich auf der anderen Hallenseite.
Der Fuchs ruft: „Wer hat Angst vorm wilden Fuchs?"
Die Hasen antworten: „Niemand!"
Fuchs: „Wenn er aber kommt?"
Hasen: „Dann laufen wir!"
Die Hasen versuchen, schnell auf die gegenüberliegende Hallenseite zu kommen, ohne daß der Fuchs sie erwischt.
Wer über eine bestimmte (mit Kreide auf den Boden gezeich-

nete) Linie gelangt, darf nicht mehr vom Fuchs verwandelt werden. Wer gefangen wurde, wird in einen Fuchs verwandelt und hilft während des nächsten Spieldurchgangs beim Fangen.
Der Hase, der als letzter übrig bleibt, darf einmal alle Füchse fangen.

Hinweis: Als Freimal nicht die Wand benutzen, da die Kinder sonst – ohne frühzeitig abzubremsen – auf die Wand zulaufen.

- *Verzaubern*
Material: Ein „Zauberstab" – hergestellt aus einer Papprolle (von Frischhaltefolie usw.), die mit buntem Papier beklebt ist.
Ein Kind hat den Zauberstaub. Wer davon berührt wird, muß in der Stellung, in der er sich gerade befindet, stehen bleiben. Er ist verzaubert und kann sich erst dann wieder bewegen, wenn ein anderes Kind ihn berührt.
Alle laufen vor dem Zauberer weg, da sie sich möglichst lange frei bewegen wollen.
Bei einer sehr großen oder sehr „schnellen" Gruppe, in der alle Verzauberten schnell wieder erlöst werden, können auch zwei oder drei Zauberer eingesetzt werden.

- *„Der glühende Stab"*
Die Papprolle (siehe oben) ist mit rotem Papier umwickelt. Sie stellt einen „glühenden Stab" dar, den kein Kind lange in der Hand behalten will. Wer den Stab hat, versucht, ihn daher schnell an einen anderen abzugeben.
Wird eines der Kinder von dem Stab berührt, darf es nicht einfach weiterlaufen, sondern es muß ihn annehmen.
(Bei mehr als 10 Kindern 2 Stäbe verwenden).

- *„Wo bist du zu Hause?"*
„Stellt euch vor, jeder von euch wohnte in einem anderen Land, in dem bestimmte Bewegungen ausgeführt werden (klatschen, hinken, rutschen, hüpfen, stampfen, kriechen)."
Jedes Kind darf sagen, aus welchem Land es kommt und dabei seine Bewegung vormachen, die anderen wiederholen diese Bewegung mehrere Male: „Ich bin zu Hause im Stampfeland..."
„Ich bin zu Hause im Hüpfeland",
„Ich bin zu Hause im Klatscheland",
„Ich bin zu Hause im Kriecheland" etc. ...

Abb. 36

Variation: „Ich bin der König" (nach einer Idee von WEISS 1984)
Die Kinder gehen kreuz und quer durch den Raum. Ein Kind wird zum König ernannt und erhält als Zeichen eine Krone (Tennisring o. ä.) auf den Kopf. Es sagt: „Ich bin der König, und in meinem Königreich müssen alle so machen." Der König macht eine Bewegung vor, z. B. auf einem Bein hüpfen. Das ganze Königreich muß so lange hüpfen, bis der alte König einen neuen König gewählt hat (durch Übergabe der Krone).
Bei dieser Spielvariation werden auch Bewegungsmöglichkeiten gefunden, die sich nicht in Worte kleiden lassen, wie es für die 1. Version erforderlich ist, z. B. mit dem Kopf wackeln, Hampelmannsprünge ausführen, in der Hocke gehen, sich um die eigene Achse drehen, rückwärts laufen, im Sitzen vorwärts rutschen usw. (oder: „In meinem Königreich dürfen alle machen, was sie wollen".) (Abb. 36)

- *Der Fuchs und die Hühner*
Im Raum sind verschiedene Hindernisse aufgestellt (umgedrehte Stühle oder Bänke, Tische, die mit einer Decke behängt sind usw.), hinter denen man sich verstecken kann.
Ein Kind spielt den Fuchs.

Während die „Hühner" im Käfig sind (in einer Ecke des Raumes ihm den Rücken zukehren), versteckt sich der Fuchs hinter einem der Hindernisse. Die Hühner kommen nun aus ihrem Käfig und suchen den Fuchs. Wer ihn gefunden hat, ruft schnell: „Der Fuchs, der Fuchs", und läuft sofort zum Käfig zurück.
Der Fuchs läuft hinter ihnen her. Erwischt er ein Huhn, kommt es mit in sein Versteck und darf beim nächsten Mal beim Fangen helfen.
Die gefangenen Hühner dürfen sich beim nächsten Spieldurchgang ein eigenes Versteck suchen.
Wenn der Fuchs so viele Hühner gefangen hat, daß alle Verstecke besetzt sind, wird ein neuer Fuchs bestimmt, und das Spiel beginnt von neuem.

- *Feuerquallen*

In einem begrenzten Spielfeld verteilen sich einige Kinder (etwa die Hälfte der Gruppe), die Quallen im Meer darstellen. Mit ihren zur Seite ausgebreiteten Fangarmen sind sie auf der Suche nach Nahrung. Am Rand des Spielfelds steht die andere Hälfte der Gruppe; sie sind Fische, die durch das Meer schwimmen wollen. Eine Berührung durch die Quallen läßt sie ebenfalls in Quallen verwandeln (sie stellen sich vor oder hinter ihre Fänger).

Hinweis. Die Fische dürfen nicht an den Seiten des „Meeres" vorbeilaufen.

Variation:
– Die Quallen stehen mit dem Rücken zu den Fischen und dürfen sich nicht umdrehen. Oder:
– Die Quallen halten die Augen geschlossen.

- *„Musik-Stop"*

Zu einer bewegungsanregenden, rhythmischen Musik laufen alle Kinder durch den Raum. In der Mitte des Raumes ist mit Kreide ein Kreis auf dem Boden aufgezeichnet oder mit Seilen ausgelegt. Wird die Musik unterbrochen, ruft die Erzieherin ein Merkmal auf (z. B. blonde Haare, weiße Turnschuhe usw.).
Alle Kinder, auf die dieses Merkmal zutrifft, kommen in den Kreis.
Die Merkmale sollten einfach erkennbar sein bzw. die Kinder sollten sich ihnen selbst zuordnen können.

Beispiele:
„In die Mitte kommen alle Kinder, die
- drei Jahre alt sind;
- kurze Haare haben;
- an ihren Kleidern etwas Rotes haben;
- mit dem Kindergartenbus nach Hause fahren;
- in diesem Jahr zur Schule gehen;
- Mädchen sind;
- gerne Eis essen"

Die Merkmale sollten möglichst so gewählt werden, daß jedes Kind mindestens einmal die Chance hatte, in die Mitte zu kommen. Den Abschluß kann z.B. ein Merkmal bilden, das auf alle zutrifft (z.B. „die sich auf den Sommer freuen").

5.8. Psychomotorische Geräte – auch für den Kindergarten geeignet?

Die traditionellen Sport- und Bewegungsgeräte wurden in den letzten Jahren um einige Geräteschöpfungen bereichert, die als „psychomotorische Geräte" bezeichnet werden.

Es handelt sich hier um Material, das einerseits für Kinder einen hohen Aufforderungsgehalt hat und auf viele Altersstufen gleichermaßen motivierend wirkt, andererseits jedoch vielseitige motorische Anpassungsleistungen erfordert. Es schult die *Wahrnehmungsfähigkeit* und stellt spezifische Anforderungen an *Gleichgewicht* und *Koordination.*

Pädagogische Ansätze, die dem explorierenden und experimentierenden Lernen den Vorrang geben, müssen auch auf Medien zurückgreifen können, die diese Lernmethoden unterstützen. Die psychomotorischen Geräte tragen dazu bei, diese Anforderungen zu erfüllen: Sie regen Kinder zur Eigenaktivität und Selbsttätigkeit an, sind meist sehr variabel in der Verwendung und selbst von jüngeren Kindern selbständig und z.T. auch ohne Anleitung durch Erwachsene zu benutzen. Sie ermöglichen elementare Bewegungserfahrungen, setzen jedoch keine besonderen Fertigkeiten für die Handhabung voraus. Somit sind sie also auf jeder Entwicklungsstufe einsetzbar.

Ein Vorteil der psychomotorischen Geräte liegt auch darin, daß sie untereinander kombinierbar sind und aufgrund ihrer meist einheitlichen Grundfarben (grün, gelb, rot, blau) ein vielseitiges Spiel mit Farben und Formen zulassen.

Diese Geräte stellen eine sinnvolle Ergänzung und Erweiterung des traditionellen Ausstattungsangebotes für Sport und Bewegung dar.

Wenn auch hier die Vorzüge dieses Materials angepriesen werden, und es tatsächlich gegenüber manchem der herkömmlichen Geräte gerade für jüngere Kinder eindeutige Vorteile hat, so sollte doch nicht der Eindruck entstehen, als sei psychomotorische Erziehung nur unter Einsatz „psychomotorischer Geräte" möglich. Grundsätzlich ist jeder Gegenstand, der Kinder fasziniert und ihnen erlebnisreiche Spiel- und Bewegungserfahrungen vermittelt, dazu geeignet, ihre Bewegungs- und Wahrnehmungsentwicklung zu unterstützen und zu fördern.

Der Psychomotorik kommt jedoch das Verdienst zu, die Entwicklung von Geräten angeregt zu haben, die kindgemäß sind und bei allen Anforderungen an die sensomotorischen Fähigkeiten der kindlichen Spiel- und Bewegungsfreude sehr entgegenkommen.

Ein Rollbrett stellt allerdings noch keine Garantie dafür dar, daß hier Bewegungserziehung durch Selbsttätigkeit und phantasievolles Spiel gekennzeichnet ist.

Wie und was Kinder bei Bewegungsangeboten lernen, ist nicht nur eine Frage des Materials, sondern wird vor allem beeinflußt durch den Pädagogen, durch sein Engagement und seine Bewegungsfreude, ohne die selbst das beste Gerät an Wirkung verliert.

Beispiele für die Verwendung psychomotorischer Geräte

▶ Rollbretter

Kaum ein Gerät wird von Kindern mit so viel Begeisterung aufgenommen wie das Rollbrett. Es erfordert kaum bewegungstechnische Voraussetzungen. Die meisten Kinder beherrschen es schnell so weit, daß sie es selbständig in Spielhandlungen einbinden können. Auch soziale Aktionen der Kinder untereinander werden in Gang gesetzt: Es ist sehr gut zu zweit zu benutzen, und die Kombination mit anderen Materialien – wie z. B. beim Bau größerer Fahrzeuge – ist nur unter Mithilfe anderer Mitspieler möglich. Da seine symbolische Bedeutung häufig

Abb. 37

gewechselt wird (mal stellt es ein Transportfahrzeug, mal einen Zug oder ein Schiff dar), regt es darüber hinaus zu kreativem und phantasievollem Spiel an.

Allerdings ist für seinen Einsatz in einer Kindergruppe ein größerer Bewegungsraum erforderlich, da sich die Kinder unter beengten räumlichen Verhältnissen schnell gegenseitig behindern und damit auch Verletzungsgefahren entstehen. (Abb. 37)

Spielmöglichkeiten mit dem Rollbrett:

- Das Brett wird zur eigenen Fortbewegung genutzt: In Bauch- oder Rückenlage, im Sitzen oder Knien kann man auf ihm durch den Raum fahren und sich dabei mit den Händen Schwung geben oder mit den Füßen abstoßen.
- In Rollenspielen wird es zum Fahrzeug (zum Zug oder Boot), das man unter Brücken hindurch, um Hindernisse herum, oder durch einen Tunnel steuern muß.
- Es wird als Transportmittel für das Umherfahren verschiedener Gegenstände (Schaumstoffwürfel, Tennisringe, Keulen usw.) benutzt. Je unsicherer die Gegenstände stehen, um so mehr Vorsicht ist beim Transport erforderlich.

- Auf dem Rollbrett kann man auch einen Partner schieben oder sich an einem Seil von ihm ziehen lassen.
- Rollbretter sind kombinierbar mit Kartons und kleinen Kästen, mit einem Kastendeckel, Matten oder einer langen Bank, die jeweils auf ein bzw. auf mehrere Rollbretter gelegt werden. So entstehen größere Fahrzeuge, auf denen mehrere Kinder gleichzeitig fahren können.

▶ Pedalo

Nicht so einfach in der selbständigen Handhabung von Kindern ist das Pedalo. Dieses Gerät existiert in mehreren Ausführungen, von denen folgende für Kinder im Vorschulalter geeignet sind:

Das Doppelpedalo hat sechs gummibereifte Holzräder, zwischen denen sich 2 Trittbretter befinden. Beim „Tandem-Pedalo" werden statt der kurzen Trittbretter zwei lange Bretter verwendet, auf denen mehrere Kinder gleichzeitig Platz haben.

Das Pedalo erfordert eine hohe Anpassungsfähigkeit der Gesamtmotorik; um sich stehend auf ihm vorwärts zu bewegen, muß das Gleichgewicht auf den Trittbrettern ständig ausbalanciert werden. Kinder sollten den Umgang mit dem Pedalo zunächst auf allen Vieren kennenlernen. So kann man sich z. B. fortbewegen, indem man

- mit den Händen die Trittflächen auf- und abbewegt,
- auf dem Pedalo kniet und die Hände am Boden abstützt,
- auf dem Pedalo kniet und die Räder mit den Händen in Bewegung bringt.

Beim ersten Stehen auf dem Pedalo (Abb. 38) sollten die Erzieherin oder zwei Kinder Hilfestellung geben. Später können folgende Gerätehilfen hinzugenommen werden:

- Die Wand oder eine Sprossenleiter wird zum seitlichen Abstützen mit einer Hand benutzt.
- Zwei Stäbe dienen als seitliche Stützen.
- Mit einem Seil wird eine „Longe" hergestellt, an der man sich festhalten kann.

(Die beiden letztgenannten Hilfsgeräte sind auch als Zusatzgeräte zu dem Pedalo erhältlich).

Abb. 38

▶ „Pezzi"-Ball

Hier handelt es sich um einen dicken Kunststoffball in verschiedenen Größen (der Durchmesser reicht von 42 bis 65 cm). Diese Bälle sind sehr elastisch, so daß sie auf jedem Untergrund gut prellen, außerdem sind sie auch außerordentlich belastbar: Kinder können sich auf sie setzen oder über sie hinwegrutschen. Damit sind ihre Einsatzmöglichkeiten erheblich größer als die der kleineren Gymnastikbälle und der schwereren Medizinbälle. Sie verbinden die Vorteile beider Geräte (großer Umfang, hohe Elastizität) miteinander.

Kinder finden mit ihnen auf Anhieb selbständig Spiel- und Bewegungsformen, so z. B.:

● Sich auf den Ball setzen und auf ihm auf- und abfedern, ohne daß er wegrollt.

- Den Ball mit einer oder mit 2 Händen auf den Boden prellen, einem anderen Kind zuprellen.
- Sich mit dem Bauch auf den Ball legen und das Gleichgewicht zwischen Armen und Beinen so ausbalancieren, daß man ohne Abstützen liegen bleibt.
- In dieser Lage vorwärts und rückwärts rollen, so daß der Körper von der Brust bis zu den Beinen den Ball „passiert". Zur Gleichgewichtsabsicherung kann man sich mit den Händen am Boden abstützen.
- Mit Anlauf bäuchlings über den Ball rutschen, der Ball rollt dabei unter einem hinweg; dasselbe kann man auch über 2 oder 3 Bälle hinweg ausprobieren.

▶ **Kreisel**

Zur Gruppe der psychomotorischen Geräte zählen auch die „Kreisel", die die Form einer durchgeschnittenen Kugel mit einem Durchmesser von ca. 30 cm haben. Liegen sie mit der flachen Seite auf dem Boden, kann man auf der Halbkugel balancieren oder von einem Kreisel auf einen anderen steigen. Liegt dagegen die Halbkugel auf dem Boden, ist die Standfläche nicht nur begrenzt, sondern auch sehr unstabil. Die Gleichgewichtserhaltung ist hier oft nur durch Unterstützung eines Partners oder durch Geräte (Stäbe, Sprossenwand usw.) möglich.

Die psychomotorischen Geräte umfassen eine Reihe weiterer – auch für den Kindergarten geeigneter – Materialien, die in der praktischen Anwendung folgende *Schwerpunkte der Förderung von Kindern* beinhalten:
- Wahrnehmung und Raumorientierung,
- Statisches und dynamisches Gleichgewicht,
- Handgeschicklichkeit und Auge-Hand-Koordination,
- Bewegungssteuerung und Bewegungskontrolle,
- Körperschema,
- Gewandtheit und Koordination,
- Kreatives Gestalten und Spielen in der Gruppe.

Bezugsquellen für psychomotorische Geräte werden im Informationsteil (Seite 144) dieses Buches angegeben.
Anwendungsbeispiele sind u.a. bei EHRLICH/HEIMANN (1982), KIPHARD (1980) und ZIMMER/CICURS (1987) zu finden.

6 Wenn die Eltern mitspielen
Ein Elternabend zum Thema „Spielen und Bewegen"

Eltern sehen die Bewegungsentwicklung ihrer Kinder oft unter ganz unterschiedlichen Gesichtspunkten:

Viele schätzen an ihren Kindern das ruhige Spielen, das konzentrierte Beschäftigen mit einer Sache. Bewegungsbedürfnisse werden oft als störend empfunden; Toben, lebhaftes Verhalten und lautstarke Bewegungsspiele sind ihnen eher lästig und daher äußern sie sich oft auch befremdet über die Unruhe, die manchmal in der Kindergartengruppe herrscht. Manche dieser Eltern behandeln ihre Kinder eher vorsichtig, sie haben Angst, daß ihnen etwas passieren könnte und trauen ihnen nur wenig zu.

Von der Erzieherin erwarten sie in der „Turnstunde" äußerste Sicherheitsvorkehrungen, eine straffe Organisation und möglichst keine „gefährlichen" Aufgaben.

Andere Eltern sind vielleicht selbst sportlich sehr aktiv. Sie melden ihre Kinder schon früh in einem Sportverein an, gehen mit ihnen schwimmen und sehen bewegungsintensive Aktivitäten der Kinder als Bestätigung für deren Bewegungsfreude und Lebhaftigkeit.

An die Turnstunde im Kindergarten setzen sie hohe Erwartungen: Von spielerischen Angeboten halten sie weniger als von gezieltem Üben. Sie sehen weniger den Prozeß des Spielens und Lernens, sondern beurteilen vor allem das Produkt: Dem Erwerb von Fertigkeiten geben sie dabei den Vorrang.

Manchmal vergleichen sie, was ihre Kinder im Sportverein alles lernen, und bedauern, wenn im Kindergarten weder Handstand noch Radschlagen geübt wird.

Beide Elterngruppen stellen Extreme hinsichtlich ihrer *Einstellung* dar, und sicherlich gibt es eine Reihe von Eltern, die genau dazwischen liegen, die die Bewegungsbedürfnisse und -aktivitäten ihrer Kinder respektieren und verstehen, ohne sie vorschnell mit Leistungen und Fertigkeitserwerb aus dem Sport in Verbindung zu bringen.

Häufig wirkt sich die Einstellung der Eltern zu ihrem eigenen Körper und die Art und Weise, wie sie Bewegung erleben, auf das Verhältnis des Kindes zur Bewegung und zu seinem Körper aus. Ein ängstliches, zaghaftes Kind hat oft auch Eltern, die ihm nichts zutrauen, die sich aber auch selbst von jeder sportlichen Aktivität distanzieren.

Das Angebot der Erzieherin, daß die Eltern sich einmal an den Turnstunden der Kinder beteiligen, mitmachen oder auch nur zuschauen können, gibt ihnen Gelegenheit, sich über Ziele und Inhalte der Bewegungserziehung im Kindergarten zu informieren, darüber hinaus jedoch auch Verständnis für die kindlichen Bewegungsbedürfnisse oder auch Ängste zu wecken.

Dabei sollte berücksichtigt werden, daß einige Kinder manchmal gehemmt sind, wenn ihre Eltern anwesend sind. Vor der Teilnahme sind daher unbedingt Absprachen mit den Eltern notwendig, um sie über die pädagogischen Absichten der Erzieherin zu informieren. So ist es z. B. erforderlich, daß Eltern sich nicht einmischen, wenn ihre Kinder die Mitarbeit bei bestimmten Bewegungsaufgaben verweigern.

Auch ein Elternabend unter dem Motto *„Gemeinsam spielen und sich bewegen"* oder *„Wie erleben unsere Kinder ihre heutige Bewegungswelt?"* kann für Eltern ein Anlaß sein, miteinander zu spielen, mit dem eigenen Körper Bewegungserfahrungen zu sammeln, sich selbst im Spiel zu erleben und Bewegung auch einmal unter anderen Gesichtspunkten als dem der sportlichen Leistung zu sehen.

> Darüber hinaus kann ein solcher Abend auch Gelegenheit bieten, über die Bedeutung ausreichender Bewegung für eine gesunde Entwicklung des Kindes zu informieren.

Bei den meisten Elternabenden steht ein sachliches Thema im Vordergrund: „Gesunde Ernährung", „Vorbereitung auf die Schule" oder „Probleme der Sexualerziehung" o. ä. Meist werden Fachleute als Referenten eingeladen, um sich gemeinsam Informationen über ein spezifisches, für die Erziehung im Kindergarten und Elternhaus gleichermaßen wichtiges Thema zu verschaffen. Bei diesen – für viele Eltern und Erzieher sicherlich interessanten – Vortrags- und Diskussionsabenden steht das

Gespräch unter den Teilnehmern im Hintergrund. Vielen fällt es schwer, sich vor der gesamten Gruppe zu äußern, Fragen zu stellen oder jemand anderen anzusprechen.

Wenn ein Elternabend zum gegenseitigen Kennenlernen beitragen soll, dann sind Angebote, die die Kontaktaufnahme erleichtern und gemeinsame Spielerlebnisse vermitteln, sicherlich hilfreicher.

Warum sollte man es nicht auch einmal mit Bewegung versuchen? Bei Bewegungsspielen gewinnt man schnell Kontakt zueinander, kommt auch mit Teilnehmern in Berührung, die man in einer Gesprächsrunde nicht ohne weiteres angesprochen hätte, man lernt sich und den anderen aus einer neuen, ungewohnten Perspektive kennen. Dabei sollten zunächst Spiele bevorzugt werden, die eine eher unverbindliche Kontaktaufnahme ermöglichen; die Spielregeln sollen die Teilnehmer zueinander führen, ohne daß sie zu lange bei dem selben Partner verweilen oder die ganze Zeit in der gleichen Gruppe zubringen müssen.

Spaß und Freude am Miteinanderspielen sollten in jedem Fall im Vordergrund stehen. Konkurrenz- und Wettkampfsituationen sollten genauso wie das Zurschaustellen von Einzelleistungen vermieden werden.

Die folgenden Spiele eignen sich für eine Gruppe von ca. 20 bis 50 Teilnehmern und erfordern keinerlei besondere Voraussetzungen. Bei einer großen Gruppe sollte allerdings auf einen ausreichend großen Bewegungsraum geachtet werden. U. U. kann es erforderlich sein, den Elternabend nicht in den Räumlichkeiten des Kindergartens, sondern z. B. im Gemeindehaus oder auch in einer Turnhalle stattfinden zu lassen.

- **Begrüßungsspiele**

Zu rhythmischer, zum Gehen geeigneter Musik bewegen sich alle im Raum.
In kurzen Abständen wird die Musik unterbrochen und jeweils eine neue Aufgabe gestellt:

- möglichst viele Hände schütteln;
- sich die linke Hand reichen;
- einen Gegenstand aus Holz berühren;
- zu zweit Rücken an Rücken stehen;
- die Füße nicht mehr am Boden haben.

- **Gleich und gleich gesellt sich gern**

Das in Kap. 5.7. dargestellte Spiel: „Musik-Stop" kann für Erwachsene um folgende Aufgabenstellungen erweitert werden:

Einen Partner finden,
– der die gleiche Schuhgröße hat (Schuhgrößen vorerst nicht nennen, sondern durch Schauen und Beobachten schätzen lassen);
– der im gleichen Monat geboren ist;
– dessen Nachname den gleichen Anfangsbuchstaben hat;
– dessen Vorname den gleichen Anfangsbuchstaben hat;
– der die gleiche Augenfarbe hat;
– der das gleiche Hobby hat (das Hobby sollte nicht genannt, sondern pantomimisch dargestellt werden).

Variation:
Gruppe bilden von Eltern,
– die im gleichen Ortsteil bzw. in der gleichen Straße wohnen;
– deren Kinder in der gleichen Kindergartengruppe sind (den Gruppennamen nicht nennen, sondern pantomimisch darstellen und dann zur richtigen Gruppe finden);
– die das gleiche Fortbewegungsmittel bevorzugen, wenn sie zur Arbeit / zum Einkauf / zum Kindergarten kommen / in Ferien fahren (Auto, Fahrrad, Flugzeug, zu Fuß, reitend usw.); die Fortbewegungsart pantomimisch darstellen.

- **Knoten entwirren**

Alle Teilnehmer stellen sich im Kreis auf, schließen die Augen und gehen langsam zur Kreismitte, strecken dabei ihre Arme nach vorne und fassen mit jeder Hand die eines anderen (möglichst nicht die des Nachbarn). Auf ein Zeichen des Spielleiters öffnen nun alle die Augen und versuchen, den „Knoten zu entwirren", d. h. wieder zum Kreis zu kommen, ohne daß die Handfassung aufgelöst werden muß.

- **Stop – los**

Die Teilnehmer stehen im Raum verteilt. Sobald einer von ihnen „Los" ruft, gehen alle umher.
Ruft einer aus der Gruppe „Stop", bleiben alle sofort stehen.

Nach mehreren Wiederholungen kann auch folgende Variation sehr spannend sein:
Anstelle der Aufforderung „Los" und „Stop" bleibt ein Teilnehmer einfach stehen – die anderen schließen sich an. Geht einer los, folgen auch die anderen.

Diese Spielvariante fördert die Konzentration auf die Gruppe, das aufmerksame Beobachten der Gruppenmitglieder; die Gruppengröße sollte allerdings 30 bis 40 Teilnehmer nicht überschreiten.

- **Luftballonspiele zum gegenseitigen Kennenlernen**

Jeder Teilnehmer erhält einen Luftballon und schreibt darauf mit Filzstift seinen Namen.
Die Ballons werden hochgespielt, alle sollen gemeinsam versuchen, sie in der Luft zu halten.
Auf ein Zeichen hält jeder einen Luftballon fest und sucht den Teilnehmer, dessen Name auf dem Ballon steht.
Die Körperkontakte mit dem Luftballon können auch vorgegeben werden:

– ihn nur mit den Fingerspitzen hochspielen,
– ihn mit Kopf und Knie hochspielen,
– Fuß und Ellbogen benutzen,
– Faust und Arme einsetzen.

Die Farben der Ballons können zur Gruppenbildung genutzt werden:
Alle Teilnehmer mit der gleichen Luftballonfarbe kommen zusammen und erhalten eine neue, gemeinsam zu lösende Aufgabe; z.B.: Die Gruppe soll zur gegenüberliegenden Hallenseite gehen und dabei die Ballons hochspielen (jeder ist für jeden Ballon verantwortlich, darf ihn aber nicht festhalten, sondern ihn nur mit den Händen hochtippen).
Zur gleichen Zeit gehen auch die anderen Gruppen los und wechseln die Hallenseite.
Schaffen die Gruppen es, alle Bälle zu ihrem Ziel zu bringen?

Die kleinen Luftballons werden ausgetauscht gegen einen „Riesenluftballon". Auch auf diesen Ballon schreiben alle Gruppenmitglieder ihren Namen.

Wer den Ballon in den Händen hält, sucht sich einen Namen aus, wirft den Ballon in die Luft und ruft dabei laut den Namen. Der/die Betroffene fängt den Ballon auf und sucht sich wiederum einen Namen aus, usw.

An den Praxisteil kann sich eine Gesprächsrunde in Kleingruppen anschließen: Was haben die Eltern als Kind gespielt, wo haben sie gespielt, und wie sah ihre alltägliche Umwelt aus?

Beim Austausch der Erinnerungen wird den Eltern meist deutlich, wie eingeengt der Spiel- und Bewegungsraum, der Kindern heute zur Verfügung steht, ist. Zwar gab es früher weitaus weniger „öffentliche", organisierte Sportangebote für Kinder, dafür waren jedoch weitaus mehr Freiflächen vorhanden. Wiesen und Wälder boten natürliche Bewegungsgelegenheiten. Auch die Straße war Kommunikationszentrum: Man brauchte nur aus der Haustür zu treten, und schon konnte man sich an Ballspielen, Hüpf- und Hinkespielen oder dem Nachlaufen und Verstecken anderer Kinder beteiligen. Heute muß man für diese Spiele oft mit dem Auto eine Turnhalle ansteuern oder zumindest einen offiziellen Spielplatz aufsuchen.

Diese Überlegungen sollten auch dazu führen, daß Eltern einmal gemeinsam darüber nachdenken, wie sie in ihrem näheren Umfeld dazu beitragen können, die Bewegungsbedürfnisse der Kinder nicht noch mehr einzuschränken. So können Möglichkeiten erörtert werden, wie auch in einer kleinen Wohnung dem Bewegungsdrang der Kinder entgegengekommen werden kann, wie aus eigener Initiative und unter Mithilfe anderer Eltern Beton- oder Grasflächen vor Mehrfamilienhäusern zu Spielplätzen mit Bewegungs- und Spielgeräten ausgebaut werden können.

Hier kann auch vielleicht einmal die Idee entstehen, ein Straßenfest mit Bewegungsspielen für Kinder zu organisieren oder vielleicht sogar das *Sommerfest* im Kindergarten dem Thema „Bewegung" zu widmen.

7 Spiel- und Bewegungsfest Ideen zur Gestaltung eines Sommerfestes

In den meisten Kindergärten gibt es traditionelle Feste, die von Eltern und Kindern gemeinsam gefeiert werden. Dazu gehört z. B. das Sommerfest, zu dem neben Eltern und Geschwistern der Kindergartenkinder oft auch die ganze Gemeinde eingeladen wird.

Die Gestaltung des Sommerfestes ist sehr unterschiedlich: Viele Kindergärten sind von der reinen Kaffee-Kuchen-Feier mit einigen von den Kindern vorgeführten Tanz- und Singeinlagen abgekommen und geben gemeinsamen Aktivitäten von Eltern und Kindern den Vorrang.

So kann eine Schnitzeljagd oder ein einfacher Orientierungslauf, bei dem im nahegelegenen Wald z. B. Stationen aufgesucht und bestimmte Aufgaben gelöst werden sollen, Auftakt für das gemeinsame Feiern auf dem Kinderspielgelände sein.

Das Sommerfest kann auch in Form eines Spiel- und Bewegungsfestes durchgeführt werden. Hier stehen weder Vorführungen noch Wettspiele, wie sie so häufig zum Spielrepertoire gehören, das Erwachsene sich für Kinder ausdenken, im Vordergrund, sondern das gemeinsame Miteinanderspielen und Sichbewegen.

Ein solches Sommerfest kann zusammen mit Kindern, Erziehern und Eltern geplant und vorbereitet werden. Die für die Spiel- und Bewegungsangebote benötigten Geräte und Materialien können in gemeinsamer Arbeit hergestellt werden.

Zur Konzeption des Spiel- und Bewegungsfestes

Ein Sommerfest der oben beschriebenen Form kann z. B. unter das Motto *„Spiel – Bewegung – Spaß"* gestellt werden.

Die Angebote sollten so ausgewählt werden, daß sie Betätigungen für verschiedene Altersstufen bieten, und auch die Geschwister sowie die Eltern der Kindergartenkinder sich an den Spielen beteiligen können (Abb. 39).

Vor allem die Eltern sollten nicht nur als Helfer, sondern auch als *Mitspieler* gewonnen werden.

Darüber hinaus sollten die Bewegungs- und Spielangebote

- möglichst hohen Aufforderungscharakter für Kinder besitzen,
- zum größten Teil selbständig von ihnen zu bewältigen sein,
- dem kindlichen Bewegungsbedürfnis entgegenkommen und nicht zu viel Ruhe und Konzentration erfordern,
- die gleichzeitige Beteiligung mehrerer Teilnehmer ermöglichen, so daß keine Warteschlangen entstehen,
- unterschiedliche Lösungsmöglichkeiten zulassen, so daß Kinder kreativ und phantasievoll damit umgehen und auch Umgestaltungen vornehmen können.

Bei einem Spiel- und Bewegungsfest können alte, wiederentdeckte Spiele, ebenso wie neu erfundene angeboten werden. So ist das Sackhüpfen, Eierlaufen oder Zielwerfen für Kinder im-

Abb. 39

mer wieder attraktiv, es sollte jedoch generell davon abgesehen werden, die Spiele in Form von Wettspielen durchzuführen oder Preise für die Sieger zu vergeben.

Auch die Regel, daß jedes Kind für seine Beteiligung den gleichen Preis erhalten sollte, ist nach unseren Erfahrungen wenig sinnvoll. Bei interessanten, reizvollen Spielen und Bewegungsaktivitäten haben die Kinder im allgemeinen überhaupt nicht das Bedürfnis, dafür belohnt zu werden. Die Tätigkeit an sich wird als viel lohnenswerter empfunden, und das Aussetzen von Preisen würde die Aufmerksamkeit vom Spiel selbst auf ein äußeres Merkmal ablenken.

Neben einzelnen Spiel- und Bewegungsstationen sollten von Zeit zu Zeit auch Spiele, an denen alle teilnehmen können, angeboten werden. Sie unterstützen die Feststimmung und vermitteln ein „Gemeinschaftsgefühl."

Ihre inhaltliche Gestaltung ist auch abhängig davon, wieviel Freifläche auf dem Spielgelände neben oder zwischen den Spielstationen bleibt.

Hier ist vor allem darauf zu achten, daß die Spiele mit jeder beliebigen Anzahl von Teilnehmern durchgeführt werden, daß Kleinkinder wie Erwachsene gleichermaßen mitmachen können und infolgedessen die Spielregeln auch höchst einfach sind.

Eine gute Feststimmung kommt auch durch *gemeinsames Tanzen* zustande. Die „Tänze" müssen sich natürlich auf einfachste Bewegungsformen (Gehen, Stehen, Drehen usw.) beschränken, die durch Raumvariationen (Kreis, Schlange, Schnecke usw.) ebenso interessant gestaltet werden können (vgl. GASS-TUTT 1989).

Vorbereitungen und Planungen

Ein Spiel- und Bewegungsfest nimmt eine Reihe von Planungs- und Vorbereitungsarbeiten in Anspruch, deshalb sollte schon früh damit begonnen werden. Etwa 2 bis 3 Monate vor dem geplanten Termin kann z. B. in Verbindung mit den Elternvertretern und auch anderen interessierten Eltern das Konzept des Festes erstellt und die zu erledigenden Arbeiten festgelegt werden.

Ideen für ein Sommerfest – Spiel- und Bewegungsfest

Hierzu gehören u. a. folgende *Planungsschritte:*

- Zusammenstellen der einzelnen Spielangebote und Bewegungsstationen
- Ermittlung des Bedarfs an Material und Geräten
- Organisation von Essen und Trinken
- Vorbereitung der Geräte und Materialien
- Beschaffen einer Musikanlage (evtl. Mikrophon und Außenlautsprecher)
- Erstellen eines Lageplans über die Verteilung der Spielstationen auf dem Freigelände
- Einteilung von Helfern (Eltern, Erzieherinnen usw.)
- Festlegen des Programms (z. B. Zeitpunkte zentraler Spielangebote)

Die technischen Vorbereitungen, wie z. B. die Beschaffung des Materials (ausrangierte Autoschläuche, Bretter und Balken usw.) sollte von den Erzieherinnen bzw. Eltern, die günstige Bezugsquellen kennen, getroffen werden, während die Gestaltung des Materials (Bemalen der Autoschläuche etc.) möglichst zusammen mit den Kindern, evtl. auch unter Beteiligung der Eltern erfolgen kann.

Wird ein Freitag- oder Samstagnachmittag als Termin für eine Bau-, Mal- und Werkaktion gewählt und hierzu Kinder mit Eltern eingeladen, kann schon die Vorbereitung zu einem kleinen Fest für alle Beteiligten werden.

Sind die Kinder bereits in dieser Phase an der Gestaltung des Spiel- und Bewegungsfestes beteiligt, werden sie um so mehr den Tag als „ihr" Fest wahrnehmen.

Werden die Eltern in die Vorbereitungen einbezogen, können sie dabei u. U. auch Impulse für den Bau von Bewegungs- und Spielgeräten aus Gebrauchsmaterialien erhalten.

Beispiele für Spiel- und Bewegungsangebote bei einem Sommerfest

● Balancierstege, Treppen und Türme

Getränkekisten und Bretter in verschiedenen Längen werden so miteinander kombiniert, daß sich Brücken und Stege ergeben; die Kisten können als Treppen zum Aufsteigen und Herabspringen aufgestellt werden oder als „Kistenstraßen" zum Balancieren auffordern.

• Kriechtunnel und Geisterkartons

Große Pappkartons werden bemalt oder bunt beklebt, Deckel und Boden werden entfernt oder nach innen geklappt. Aneinandergereiht ergeben sich dunkle Tunnel zum Kriechen; in die einzeln aufgestellten Kartons kann man hineinspringen oder sich darin verstecken und dann mit dem Karton weiterbewegen (evtl. Gucklöcher einschneiden).

• Kullerbahnen und Riesenkraken

Drainagerohre oder Leerrohre werden so an einem Baum, Tor oder Klettergerüst befestigt, daß sie Gefälle haben und ein an einem Ende hineingesteckter Ball am anderen Ende wieder herausrollt. Für die Drainagerohre sind Tennisbälle oder Holzkugeln geeignet, für die Leerrohre sollten Tischtennisbälle oder Murmeln verwendet werden. Die Drainagerohre können auch in eine Plastikwanne oder einen großen Eimer an vorgebohrten Löchern befestigt werden, so daß die in die „Riesenkrake" geworfenen Bälle durch eines der Rohre herauskullern (vgl. MIEDZINSKI 1983). (Abb. 40)

Abb. 40

Ideen für ein Sommerfest – Spiel- und Bewegungsfest 134

- **Rasenski**

Ein paar Ski besteht aus 2 Brettern in ca. 2 Meter Länge und 12 cm Breite, auf denen mit Schrauben jeweils 3 Gummi- oder Stoffschlaufen angebracht sind (Abstand ca. 40 cm). Jeweils 3 Teilnehmer versuchen, sich gemeinsam auf den „Skiern" vorwärts zu bewegen.

- **Reifen und Schläuche**

Alte PKW- und LKW-Reifen und -schläuche werden mit wasserfester Farbe bunt angemalt. Mit ihnen kann man Klettertürme bauen; sie eignen sich zum Springen und Balancieren, zum Hindurchkriechen und Rollen.
Bretter können als Aufstiegshilfe benutzt oder zum Verbinden von Reifeninseln eingesetzt werden.

- **Flaschenxylophon**

Unterschiedliche Flaschen werden an einer zwischen 2 feststehenden Pfosten befestigten Schnur angebracht (geeignet hierzu sind auch Hürden oder Begrenzungspfähle). Mit einem Metallstab oder einem Löffel können Töne erzeugt, Tonleitern gespielt oder kleine Melodien ausprobiert werden. Werden die Flaschen in unterschiedlicher Höhe mit Wasser gefüllt, ergibt sich eine zusätzliche Klangdifferenz.

- **Förderband**

Mehrere große Papprollen (erhältlich beim Teppichhandel) werden hintereinander gelegt (Zwischenräume lassen). Darauf kommt eine leichte Schaumstoffmatratze, auf die man sich mit Anlauf fallen lassen kann, so daß man bis zum Ende der Rollen transportiert wird. Eventuell können die Papprollen auch bunt bemalt werden. (Abb. 41)

- **Schmierseifenrutsche**

Hat man Glück, und das Sommerfest findet tatsächlich an einem heißen, trockenen Sommertag statt, kann auch eine „Wasserrutschbahn" viel Spaß machen. Hierzu braucht man: Eine große Plastikplane (evtl. ausrangierte Abdeckplanen von LKW's oder eine sehr feste Plastikfolie aus dem Malerfachgeschäft), einen Schlauch mit Wasseranschluß.

Abb. 41

Mit dem Schlauch wird Wasser über die Plane gespritzt, so daß bei häufiger Wasserzufuhr eine glitschige, rutschige Fläche entsteht (u. U. kann auch ein wenig flüssige Schmierseife auf der Bahn verteilt werden).

Die Kinder haben meistens sehr schnell heraus, wie sie am besten auf der Rutschbahn gleiten können.

Sofern eine solche Wasserrutschbahn geplant ist, sollte bereits in der Einladung darauf hingewiesen werden, daß die Kinder Badekleidung und ein Handtuch mitbringen sollen.

▶ Spiele mit dem Fallschirm

Für Mitspieler wie Zuschauer gleichermaßen faszinierend ist das Spiel mit dem Fallschirm. Er ist leicht, schwebend und aus seidigem Material. Er vereint Kinder und Erwachsene, jeder wird gebraucht, egal ob er langsam oder schnell, leistungsstark oder klein und schwach ist. Je größer der Durchmesser des Fallschirmes ist, um so mehr Teilnehmer müssen sich an seinem Rand verteilen, denn ein Fallschirm läßt sich nur dann in die Luft bringen, wenn viele dabei helfen.

Fallschirme sind wahrlich keine „Alltagsmaterialien"; ausgediente Exemplare kann man über die Bundeswehr erhalten, weitere Bezugsanschriften im Anhang.

Hier einige Spielvorschläge mit dem Fallschirm:

● Meereswellen

Der Fallschirm wird auf dem Boden ausgebreitet. Alle Mitspieler verteilen sich an seinem Rand (Eltern und Kinder sollten möglichst abwechselnd stehen) heben ihn hoch und bewegen ihn leicht auf und ab. Es entstehen Wellen, die sich von einer Seite zur anderen fortsetzen und immer stärker werden, je mehr der Rand bewegt wird.

- **Karussell**

Alle Teilnehmer drehen sich in eine Richtung und gehen mit dem Fallschirm im Kreis herum. Sie können dabei immer schneller werden, wobei das Tempo von den jüngsten Mitspielern bestimmt werden sollte.

- **„In die Luftblasen springen"**

Alle Mitspieler gehen in die Hocke oder knien sich auf den Boden und bewegen den Fallschirm dicht über dem Boden auf und ab, so daß große Luftblasen entstehen.
6 bis 8 Kinder (je nach Größe des Fallschirms) befinden sich auf dem Fallschirm (möglichst die Schuhe ausziehen) und versuchen, in die Luftblasen zu springen.

- **Schleudertuch**

Alle am Rand Stehenden rollen das Tuch so weit ein, daß eine straff gespannte Fläche mit einem Durchmesser von ca. 2 m entsteht. Darauf kann sich ein Kind legen und durch Straffziehen und Lockerlassen des Tuches hochgeschleudert werden. (Abb. 42)

- **Zeltdach**

Alle stehen in der Hocke um den Fallschirm herum und ziehen auf ein vereinbartes Zeichen den Fallschirm nach oben. Sie strecken die Arme in die Luft, so daß der Fallschirm sich wie ein Zeltdach in der Luft wölbt; wenn alle einen Schritt in die Mitte gehen, wird die Kuppel noch runder.

- **Platz wechseln**

Sobald der Fallschirm in die Luft gebracht ist, wechseln alle Kinder unter dem Dach ihre Plätze. Bis das Dach zu Boden sinkt, sollten sie alle einen neuen Ort gefunden haben. Beim nächsten Mal können auch einige Eltern (z. B. diejenigen, die ein Kleidungsstück mit roter Farbe anhaben) die Plätze tauschen.

Abb. 42

- **Zirkuszelt**

Wenn der Fallschirm sich nach dem Hochziehen in der Luft wölbt, gehen alle Mitspieler einen Schritt nach vorne unter den Fallschirm (Rand weiter festhalten), ziehen ihn hinter sich herunter und setzen sich auf den Rand.
Wie in einem kleinen Zirkuszelt sitzen nun alle Teilnehmer dicht nebeneinander und schauen zu, wie der Fallschirm langsam in der Mitte zu Boden sackt. Es entsteht ein Gebilde, das einer Marmorkuchenform gleicht (aus der Öffnung in der Mitte entweicht die Luft zuerst, die Wölbung am Rand bleibt noch länger erhalten).

- **„Bälle tanzen lassen"**

Auf den straff gespannten Fallschirm werden einige Bälle (verschiedene Größen und verschiedene Farben wählen) gelegt. Durch Lockerlassen und Straffziehen des Tuches können die Bälle in die Luft befördert und wieder aufgefangen werden.

Bestimmt entwickeln sich beim gemeinsamen Spiel noch weitere Ideen, die vom Spielleiter aufgegriffen und in der Gruppe ausprobiert werden können.

8 Schlußbemerkung

Sich mit Kindern bewegen – von Kindern lernen

Erwachsene denken oft darüber nach, wie sie Kindern etwas beibringen können, was Kinder von ihnen lernen können. Aus diesem Anlaß werden die meisten pädagogischen Fachbücher geschrieben. Dabei können Erwachsene gerade im Hinblick auf den kreativen Umgang mit Geräten, Materialien und Spielobjekten von Kindern oft genausoviel lernen als umgekehrt. Die Kreativität der Kinder zu erhalten und die der Erwachsenen zu aktivieren, ist ein Anliegen, das mit vorliegendem Buch verfolgt wird.

Kinder verdeutlichen uns, wie sehr wir oft eingezwängt sind in vorgegebene Muster des Denkens und Handelns. Um Spiele zu erfinden, brauchen sie nicht das Material eines Spielzeugkataloges, keine vom TÜV abgenommenen und in einer Norm beschriebenen Geräte. Oft reicht ein von den Erwachsenen achtlos weggeworfener Gegenstand aus, ihre Phantasie zu beflügeln. Sie haben genügend Einfallsreichtum, um Material eine ihren Vorstellungen entsprechende Bedeutung zu geben. Ihre – noch – spontane, nicht durch Zweckorientierung und Überlegung beeinflußte Sicht der Dinge ermöglicht ihnen einen unbekümmerten Umgang mit ihnen. Im unmittelbaren Sich-bewegen, sinnlichen Wahrnehmen und selbsttätigen Entdecken haben die Kinder den Erwachsenen vieles voraus.

Wenn wir es schaffen, wieder mit den Augen eines Kindes zu sehen, gelingt es vielleicht auch, Einengungen der Wahrnehmung aufzubrechen und Neues, Faszinierendes in uns und im uns umgebenden Raum zu entdecken.

Bewegungserziehung im Kindergarten – Bewegung mit Kindern – muß gleichermaßen *Spielen mit und Lernen von Kindern* sein.

Alle in diesem Buch angeführten Ratschläge, Tips und Überlegungen sollten als Beitrag verstanden werden, Kinder in einer bewegungsfeindlichen und nicht immer kinderfreundlichen Umwelt in ihrer Entwicklung zu unterstützen und dabei auch ihre augenblicklichen Bedürfnisse und Interessen zu berücksichtigen.

Wir denken an die Zukunft der Kinder, an das Leben, auf das Kindergarten und Schule sie vorbereiten sollen. Dabei vergessen wir oft die *Gegenwart* – eine Gegenwart, die erfüllt ist von Bewegungsfreude und Phantasie, von dem *Bedürfnis nach Eigenaktivität und Selbsttätigkeit*. Die Gegenwart des Kindes darf nicht dem Gedanken an seine Zukunft geopfert werden. Das Kind lebt im Hier und Jetzt. Viele seiner Bedürfnisse sind keine momentanen Launen, sondern stellen notwendige Bedingungen für die Entwicklung seiner Persönlichkeit dar.

Bewegung und Spiel sind elementare kindliche Betätigungsformen und gehören zum unersetzlichen Bestandteil kindlichen Lebens. Die den Kindern eigene Erlebniswelt zu akzeptieren bedeutet für Eltern wie für Erzieherinnen, Lebens- und Erziehungsbedingungen für Kinder zu schaffen, die ihnen ganzheitliche Erfahrungen mit dem Körper, mit Gefühlen, Vorstellungen und Phantasien ermöglichen, ja sie hierin auch unterstützen und anregen.

Literatur

AYRES, A. J.: Bausteine der Entwicklung. Berlin: Springer 1984
BECKER-TEXTOR, I.: Kreativität im Kindergarten. Freiburg: Herder 1988
BRAUN, Regina / HOPPE, Jörg Reiner: Betreten der Baustelle verboten – Bewegungsbaustelle im Kindergarten.
In: Theorie und Praxis der Sozialpädagogik 95 (1987), 2, S. 84–86
DEUTSCHE SPORTJUGEND (Hrsg.): Frühkindliche Bewegungserziehung. Frankfurt 1983
DIEM, L.: Spiel und Sport im Kindergarten. München 1980
EHNI, H. u. a.: Kinderwelt – Bewegungswelt. Velber: 1982
EHNI, H. / KRETSCHMER, J. / SCHERLER, K.: Spiel und Sport mit Kindern. Reinbek: Rowohlt 1985
EHRLICH, P. / HEIMANN, K.: Bewegungsspiele für Kinder. Dortmund: Modernes Lernen 1982
ELLWANGER, E. / GRÖMMINGER, A.: Das Puppenspiel. Freiburg: Herder 1989
FISCHER, K. / KERSTE, U. / PASSOLT, M.: Die Bewegungserziehung im Alltag des Kindergartens.
In: Motorik 8 (1985), 3, S. 104–112
FINK-KLEIN, W. / PETER-FÜHRE, S. / REICHMANN, I.: Rhythmik im Kindergarten. Freiburg: Herder 1987
FUNKE, Jürgen: Ringen und Raufen.
In: Sportpädagogik 12 (1988), 4,
GASS-TUTT, Anneliese: Fröhliches Tanzen im Kindergarten. Freiburg: Herder 1989
GRABBET, Regina: Laufen, Toben, Springen ... Loben. Offenbach: Burckhardthaus – Laetare Verlag 1987
GROSSE-JÄGER, Hermann: Freude an Musik gewinnen. Freiburg: Herder 1989[5]
HAHMANN, H. / Zimmer, R.: Bewegungserziehung in Kindergarten, Vorschule, Elternhaus und Verein. Bonn: Dümmler 1987[2]
HAHN, E. / KALB, G. / PFEIFFER, L.: Kind und Bewegung. Schorndorf 1978
HERM, Sabine: Psychomotorische Spiele für Kleinstkinder in Krippen. Berlin 1971
DER HESSISCHE SOZIALMINISTER (Hrsg.): Bewegung und Spiel im Kindergarten. Wiesbaden: Selbstverl. 1983
HUYER-MAY, Winfried: Kunterbunte Kinderlieder, Burglauer 1984

JANSEN, Ulrich: Grundlegende Prinzipien einer offenen Bewegungserziehung bei motopädagogischen Fortbildungen. In: Praxis der Psychomotorik 13 (1988), 4, S. 201–205
JAVUREK, Birgit: Blinde Maus – Erfahrungen mit darstellendem Spiel in der Grundschule. In BÜTTNER, Ch. (Hrsg.): Spielerfahrungen mit Kindern. Frankfurt: Fischer 1988
KIPHARD, Ernst J.: Motopädagogik. Dortmund: Modernes Lernen 1980
KIPHARD, E. J.: Motopädagogik im Krippenalter. In: Motorik 10 (1987), S. 85–90
KOHN, Susanne: Die Bedrohung der Wirklichkeit. In: Erziehungskunst 47 (1983), S. 459–462
KRENZ, A. / RÖNNAU, H.: Entwicklung und Lernen im Kindergarten. Freiburg: Herder 1985
KRENZER, Rolf: Wir feiern heute Sommerfest. Freiburg, Herder 1987
KRETSCHMER, J.: Sport und Bewegungsunterricht 1–4. München, Wien, Baltimore: Urban & Schwarzenberg 1981
MERTENS, K.: Körperwahrnehmung und Körpergeschick. Dortmund: Modernes Lernen 1986
MERTENS, K. / WASMUND-BODENSTEDT, U.: 10 Minuten Bewegung. Dortmund: Modernes Lernen 1983
MIEDZINSKI, Klaus: Die Bewegungsbaustelle. Dortmund: Modernes Lernen 1983
MINISTERIUM FÜR KULTUS UND SPORT BADEN-WÜRTTEMBERG (Hrsg.): Lebensraum Kindergarten. Freiburg: Herder 1986
MONTESSORI, Maria: Das kreative Kind. Freiburg: Herder 1989
MÜLLER, H. / OBERHUEMER, P.: Kinder wollen spielen. Freiburg: Herder 1986
REGEL, G. / WIELAND, A. (Hrsg.): Psychomotorik im Kindergarten. Rissen: EBV 1984
SCHEID, V. / PROHL, R.: Kinder wollen sich bewegen. Dortmund: Modernes Lernen 1988
SCHERLER, K.: Sensomotorische Entwicklung und materiale Erfahrung. Schorndorf: Hofmann 1975
STÜBING, A. / TREESS, U. (Hrsg.): Sporterziehung im Vorschulalter. München 1975
WASMUND-BODENSTEDT, Ute: Die tägliche Bewegungszeit in der Grundschule. Ein offenes Konzept für Spiel und Sport. Schorndorf 1984
WEISS, Kersti: Füße im Wind. Offenbach: Burckhardthaus – Laetare Verlag 1984
ZIMMER, Renate: Motorik und Persönlichkeitsentwicklung bei Kindern im Vorschulalter. Schorndorf: Hofmann 1996^2
ZIMMER, Renate: Sport und Spiel im Kindergarten. Aachen: Meyer u. Meyer 1992
ZIMMER, Renate: Handbuch der Bewegungserziehung. Didaktisch-methodische Gundlagen und Ideen für die Praxis. Freiburg: Herder 1998^8
ZIMMER, Renate: Handbuch der Sinneswahrnehmung. Grundlagen einer ganzheitlichen Erziehung. Freiburg: Herder 1998^6

Literatur 142

ZIMMER, Renate: Schafft die Stühle ab! Freiburg: Herder 1995
ZIMMER, Renate/CICURS, Hans: Kinder brauchen Bewegung – Brauchen Kinder Sport? Aachen: Meyer u. Meyer 1992
ZIMMER, Renate: Spielideen im Jazztanz. Schorndorf: Hofmann 1993[3]
ZIMMER, Renate (Hrsg.): Spielformen des Tanzens. Vom Kindertanz bis zum Rock'n' Roll. Dortmund: Modernes Lernen 1991[3]
ZIMMER, Renate: Sinneswerkstatt. Projekte zum ganzheitlichen Leben und Lernen. Freiburg: Herder 1997
ZIMMER, Renate (Hrsg.): Bewegte Kindheit. Schorndorf: Hofmann 1997
ZIMMER, Renate/CICURS, Hans: Psychomotorik – Neue Ansätze im Sportförderunterricht und Sonderturnen. Schorndorf: Hofmann 1993
ZIMMER, Renate/CLAUSMEYER, Ingrid/VOGES, Ludwig: Tanz – Bewegung – Musik. Freiburg: Herder 1998[5] (mit MC)

Informationen

Musikvorschläge für Bewegung, Spiel und Tanz mit Kindern:

Beispiele	*Musik- und Schallplattenverlag*
Detlev Jöcker: 1, 2, 3 im Sauseschritt (Best.Nr. 002) ders.: Und weiter gehts im Sauseschritt (007)	Menschenkinder Musikverlag An der Kleimannbrücke 91a 48157 Münster
Rolf Krenzer/Ludger Edelkötter: Du, ich geh' einfach auf dich zu (IMP 1035) dies.: Hast du etwas Zeit für mich? (IMP 1024)	Impulse Musikverlag Natorp 2 48317 Drensteinfurt
Winfried Huyer-May: Kunterbunte Gespensterlieder (it 40170) ders.: Kunterbunte Kinderlieder (it 40150)	Winfried u. Maria Huyer-May Musikverlag Oswaldweg 14 81245 München 60
... Weit über's Land (3691) Kunterbunt: Komm wir spielen (3088) La Vibora – Die Schlange (3065) Brüderchen komm tanz mit mir (3061)	Fidula-Verlag 56154 Boppard/Rhein
Fredrik Vahle: Anne Kaffeekanne (88388) Christiane u. Fredrik: Der Spatz (0098)	Verlag „Pläne" GmbH Braunschweiger Str. 20 44145 Dortmund 1

Bezugsanschriften für psychomotorische Geräte:

Karl H. Schäfer
Psychomotorische Übungsgeräte
Großer Kamp 6–8, 32791 Lage - Heiden

Holz-Hoerz
Päd. Holzspielwaren, Therapiegeräte
Postfach 1103, 72525 Münsingen

Wehrfritz GmbH
Aug.-Grosch-Str. 30–38, 96476 Rodach b. Coburg

Eibe-Kindersport/Spielgeräte
Postfach 6, 97285 Röttingen/Ufr.

Spielzeuggarten, Hans Staneker
Karl-Brennenstuhl-Straße 14, 72074 Tübingen

Sport-Thieme GmbH
38367 Grasleben

Fortbildungsangebote auf dem Gebiet der Psychomotorik

(u.a. ist hier auch der Erwerb einer Zusatzqualifikation „Motopädagogik" möglich):

Aktionskreis Psychomotorik
Kleiner Schratweg 36
32657 Lemgo